CUISINE VÉGÉTARIENNE

CUISINE VEGETARIENNE

hachette
CUISINE

SOMMAIRE

Introduction 6

Recettes de base 8

Petit déjeuner 42

Apéro 66

Entrées 104

Plats 156

Quiches et tartes salées 240

Veggie du monde 266

Desserts 318

Table des recettes 376

Table des matières 380

RECETTES DE BASE

Préparation : 30 min   **Repos :** 7 h
Pour **1 pâte**

PÂTE FEUILLETÉE

Pour la pâte
200 g de farine
150 g de margarine bien froide
8 cl d'eau
1 cuil. à café de sel

Pour le feuilletage
Un rectangle de 12 x 10 cm de 150 g de margarine bien froide de type Astra

Préparez la pâte : dans un saladier, mélangez la farine, la margarine, l'eau et le sel jusqu'à l'obtention d'une boule de pâte homogène.

Taillez sur le dessus une croix à l'aide d'un couteau. Recouvrez de film alimentaire et réservez au frais pendant 30 min.

Sortez la pâte, aplatissez-la à l'aide de la paume de vos mains puis avec un rouleau à pâtisserie. Laissez le centre légèrement rebondi.

Au centre, disposez le rectangle de margarine bien froid. Rabattez chaque côté.

Retournez la pâte et farinez-la bien. Étalez-la en rectangle. Il doit être 3 fois plus long que large. Tournez la pâte à l'horizontale et rabattez le côté droit, puis le gauche. Laissez reposer au frais pendant 30 min.

Farinez la pâte. Gardez-la dans le sens où vous l'avez mise au frais. Formez un rectangle 3 fois plus long que large, faites pivoter horizontalement, pliez le côté droit, puis le gauche. Placez au frais 1 h. Renouvelez l'opération 6 fois.

Préparation : 10 min   **Repos :** 1 h 15

PÂTE À PIZZA

Pour 2 pizzas
20 cl d'eau tiède
4 cuil. à soupe d'huile d'olive
1 cuil. à café de sel
400 g de farine
1 sachet de levure de boulanger déshydratée

MATÉRIEL
Robot à bras ou machine à pain
Rouleau à pâtisserie

VARIANTE
Si vous utilisez une machine à pain, disposez tous les ingrédients dans la cuve et mettez en route le programme « pâte ».

Dans la cuve d'un robot à bras, versez l'eau, l'huile et le sel. Ajoutez la farine et la levure. Mélangez pendant 3 min.

Laissez reposer 30 min.
Mélangez à nouveau 3 min.

Laissez reposer 45 min.

Préparation : 15 min

PÂTE BRISÉE

Pour 1 pâte
300 g de farine
½ cuil. à café de sel
150 g de margarine ou d'huile neutre
Eau froide

Dans un saladier, mélangez la farine et le sel.

Ajoutez la margarine coupée en dés, mélangez du bout des doigts jusqu'à l'obtention d'une pâte sablonneuse, puis ajoutez de l'eau froide petit à petit jusqu'à obtenir une boule homogène.

Filmez et réservez au frais jusqu'à utilisation.

Préparation : 10 min   **Cuisson :** 4 min

TORTILLAS DE BLÉ

Pour 6 tortillas
250 g de farine de blé (+ pour travailler la pâte)
1 cuil. à café de sel
4 cuil. à soupe d'huile d'olive

MATÉRIEL
Robot
Rouleau à pâtisserie

CONSEIL
Si vous ne les consommez pas le jour même, conservez-les dans une boîte hermétique placée au frais.

Dans le bol du robot, mélangez la farine avec le sel. Ajoutez l'huile d'olive et mixez.

Versez petit à petit de l'eau bouillante jusqu'à obtenir une pâte lisse ne collant plus aux parois du robot.

Séparez la pâte en 6 boules égales. Farinez vos mains, le plan de travail, ainsi que le rouleau à pâtisserie. Étalez bien chaque boule au rouleau.

Faites chauffer une poêle sur feu moyen. Faites revenir les tortillas sur les deux faces jusqu'à l'apparition de petites marques rousses. Réservez-les entre 2 assiettes chaudes.

Préparation : 10 min   **Cuisson :** 3 min
Repos : 1 h + 12 h

TOFU NATURE

Pour 1 bloc de 150 g
1 l de lait de soja
6 cuil. à café de vinaigre d'alcool
6 cuil. à café de jus de citron

MATÉRIEL
Gazes stériles (en pharmacies ou parapharmacies)
Passoire

VARIANTE
Ajoutez des épices ou des herbes au moment de l'égouttage.

Faites bouillir le lait de soja dans une casserole. Ajoutez le vinaigre et le jus de citron puis laissez « cailler » 30 min.

Dans la passoire, disposez les gazes et faites égoutter le caillé pendant 30 min.

À l'aide de vos mains, pressez les gazes pour enlever le petit lait.

Une fois bien pressé, disposez le caillé dans un moule (moule à faisselle ou un tout autre moule) et disposez sur une assiette avec un poids dessus. Laissez une journée au frais avant d'égoutter et de consommer.

Préparation : 5 min **Cuisson :** 2 min
Repos : 12 h

TOFU SOYEUX

Pour 400 g
1 l de lait de soja
2 cuil. à café de nigari ou 10 cl de jus de citron

MATÉRIEL
Tissu étamine

Faites chauffer le lait de soja à feu vif, puis ajoutez le nigari ou le jus de citron.

Laissez reposer pendant 5 min pour que le lait coagule et « caille ».

Filtrez à l'aide d'un tissu étamine et disposez la préparation obtenue dans une boîte hermétique. Laissez reposer une nuit avant de vous en servir.

Niveau FACILE

Préparation : 30 min   **Cuisson :** 50 min
Repos : 1 h

BAGUETTE
À LA FARINE DE LUPIN ET GRAINES DE COURGE

Pour 4 baguettes
25 cl d'eau tiède
100 g de farine de lupin
300 g de farine blanche
2 cuil. à soupe de graines de courge
1 sachet de levure de boulangère déshydratée

MATÉRIEL
Robot à bras ou machine à pain

Dans la cuve du robot ou de la machine à pain, versez tous les ingrédients et pétrissez 10 min. Laissez la pâte reposer 30 min. Relancez le pétrissage 10 min puis laissez reposer 30 min. Pétrissez enfin la pâte à la main 5 min.

Préchauffez le four à 50 °C (th. 2). Séparez la pâte en 3 boules identiques. Au rouleau à pâtisserie ou avec la paume de votre main, aplatissez en longueur, pliez en deux puis étalez de nouveau. Renouvelez l'opération 3 fois. Procédez de même pour les autres boules de pâte.

Disposez les pâtons sur une plaque, versez de l'eau bouillante dans la lèchefrite et enfournez pour 30 min de cuisson, jusqu'à ce que la pâte lève. Sortez les pâtons, montez le four à 220 °C (th. 7). Enfournez à nouveau pour 20 min de cuisson.

Sortez vos baguettes et laissez-les refroidir sur une grille.

PRÉPARER
LES LÉGUMINEUSES

Pour les légumineuses
(adaptez les quantités selon les recettes)

Lentilles, pois cassés, flageolets, haricots blancs ou rouges, pois chiches…
1 morceau de kombu

CONSEIL
Grâce au trempage des légumineuses, le temps de cuisson sera diminué et elles seront plus digestes.

Faites tremper les légumineuses dans un grand volume d'eau : 4 h pour les lentilles et les pois cassés, 1 nuit pour les flageolets, les haricots blancs ou rouges et les pois chiches.

Jetez l'eau de trempage et mettez les légumineuses à cuire dans 3 fois leur volume d'eau, accompagnées d'un morceau de kombu. Cette algue a des propriétés émollientes, elle diminuera le temps de cuisson et attendrira les légumineuses. Comptez de 10 min de cuisson pour des lentilles corail jusqu'à 2 h pour les plus gros haricots.

Pour s'assurer que les légumineuses sont bien cuites, vous devez pouvoir les écraser à la fourchette. Servez-les avec des céréales. Le rapport idéal est de ⅔ de céréales pour ⅓ de légumineuses afin de bénéficier de tous les acides aminés essentiels.

CUISSON DES CÉRÉALES
À L'ÉTOUFFÉE

Pour les céréales
(adaptez les quantités selon les recettes)

Millet, quinoa, épeautre, orge...

À SAVOIR
La cuisson à l'étouffée est une cuisson lente dans un récipient fermé, comme une cocotte ou une casserole munie d'un couvercle.

Mesurez le volume de céréales dans un verre doseur, rincez-les bien sous l'eau.

Quand vous cuisinez des céréales complètes, faites-les tremper toute une nuit au préalable. Mettez les céréales dans la cocotte et versez de 2 à 4 fois leur volume d'eau suivant la graine. Laissez cuire à couvert à feu doux, le temps que toute l'eau soit absorbée.

Comptez 15 min pour le millet ou le quinoa dans 2 fois leur volume d'eau. Pour l'épeautre ou l'orge, comptez 45 min dans 4 fois leur volume d'eau. N'hésitez pas à vous référer aux indications fournies sur les paquets.

Préparation : 15 min   **Cuisson :** 5 min

PRÉPARER UN STEAK
DE LÉGUMINEUSES

Pour 4 steaks
200 g de légumineuses
1 oignon
1 cuil. à soupe de fécule de maïs ou de pomme de terre
1 cuil. à soupe de purée d'oléagineux
1 gousse d'ail
Épices au choix
Huile d'olive
Sel

CONSEILS
Un classique de la cuisine vegan, les steaks de légumineuses vous serviront à garnir des burgers végétaliens ; vous pourrez aussi les déguster accompagnés de légumes, de céréales ou d'une belle salade.

Il vous faudra les légumineuses cuites (au choix, lentilles, haricots rouges, pois chiches…), de la fécule de maïs ou de pomme de terre diluée dans 2 cuil. à soupe d'eau, une purée d'oléagineux, un oignon haché, une gousse d'ail pressée, un peu d'huile d'olive, du sel et des épices à votre convenance.

Pour 4 steaks, écrasez les légumineuses. Faites revenir l'oignon dans de l'huile d'olive et ajoutez-le aux légumineuses. Ajoutez la fécule diluée dans l'eau. Incorporez la purée d'oléagineux et la gousse d'ail. Mélangez à la main avec 1 trait d'huile d'olive, du sel et des épices au choix.

Façonnez 4 steaks, puis faites chauffer de l'huile d'olive dans une poêle. Faites cuire de chaque côté jusqu'à ce que les steaks soient bien dorés.

REMPLACER LES ŒUFS
DANS UNE RECETTE

Pour remplacer 1 œuf
50 g de tofu soyeux ; ou de la fécule de pomme de terre ou de maïs ; ou 50 g de compote de pommes ; ou de graines de lin ; ou 1 yaourt de soja

Pour remplacer 1 blanc d'œuf
Poudre à lever

À SAVOIR
En cuisine vegan, pas d'œuf, mais vous pouvez vous en passer avec quelques astuces.

Comme liant dans une recette, vous pouvez remplacer 1 œuf par 50 g de tofu soyeux ou par 1 cuil. à soupe de fécule de pomme de terre ou de maïs diluée dans 2 cuil. à soupe d'eau.

Pour apporter de la légèreté et humidifier une préparation, vous pouvez remplacer 1 œuf par 50 g de compote de pommes. Une demi-banane aura la même fonction, mais on la réservera aux recettes sucrées.

Les graines de lin moulues et mélangées avec un peu d'eau pourront également se substituer à 1 œuf. Le yaourt de soja sera préféré dans les recettes qui ont besoin d'un agent levant. La poudre à lever peut aussi remplacer le blanc d'œuf dans un gâteau.

PRÉPARER UN LAIT
VÉGÉTAL MAISON

Pour du lait de sésame
50 g de graines de sésame

Pour du lait de châtaigne
50 g de farine de châtaigne

Pour du lait d'amandes
50 g de purée d'amendes

MATÉRIEL
Blender (facultatif)

À SAVOIR
Il existe plusieurs types de poudres pour fabriquer ses boissons instantanées végétales, très pratiques pour éviter de stocker des briques toutes faites. Très simples d'utilisation, elles se diluent dans l'eau.

1

Si vous possédez un blender, vous pouvez tester le lait de sésame. Mixez à pleine puissance 50 g de graines de sésame avec 25 cl d'eau, puis filtrez.

2

Pour un lait de châtaigne maison, faites chauffer 25 g de farine de châtaigne avec 50 cl d'eau tout en mélangeant. Après ébullition, faites cuire 3 min à feu doux en continuant de mélanger. Puis filtrez et laissez refroidir.

3

Pour un lait d'amande express, délayez 50 g de purée d'amandes dans 50 cl d'eau tiède. Encore plus rapide au blender, cette technique est valable aussi avec la purée de sésame ou encore les purées de noix de cajou ou de pistaches. Évitez d'utiliser les purées complètes, préférez les blanches pour cette technique.

UTILISER L'AGAR-AGAR

Pour 50 cl de liquide
2 g d'agar-agar en poudre

À SAVOIR
Gélifiant végétal hors du commun, l'agar-agar est aussi réputé pour ses propriétés liantes, émulsifiantes, épaississantes, et se substitue idéalement à la gélatine animale dans une alimentation vegan. C'est un extrait d'algues marines rouges.

Pour gélifier une préparation, il faut compter en général 2 g d'agar-agar en poudre pour 50 cl de liquide. Il faudra en ajouter un peu plus pour une préparation acide. Vous trouverez dans le commerce des dosettes de 2 ou 4 g très pratiques.

Portez la préparation à ébullition pendant 30 s et laissez refroidir. En refroidissant, la préparation va se gélifier.

UTILISER
LES PURÉES D'OLÉAGINEUX

Purées d'oléagineux
(adaptez les quantités selon les recettes)

Purée d'amandes, de noix de cajou, de sésame, de noisettes, de pistaches…

À SAVOIR
Les purées d'oléagineux sont intéressantes du point de vue nutritionnel car elles sont composées d'acides gras insaturés, ce qui en fait des substituts de choix aux graisses animales. Elles serviront pour remplacer tout ou partie de la crème ou du beurre dans les recettes.

Pour remplacer le beurre dans un gâteau, mélangez de la purée d'oléagineux et de l'huile d'olive. Délayez 1 cuil. à soupe de purée d'amandes dans un peu d'eau pour avoir un substitut de crème fraîche. Délayez dans un plus grand volume d'eau, et vous obtenez un lait végétal.

Vous trouverez de la purée d'amandes, de noix de cajou, de sésame, de noisettes, de pistaches. La purée de cacahuètes — des légumineuses — s'utilisera de la même façon.

FAIRE GERMER
DES GRAINES

2 cuil. à soupe de graines à germer
Eau faiblement minéralisée

MATÉRIEL
Gazes stériles (en pharmacies ou parapharmacies)

À SAVOIR
Suivant les variétés, les graines seront consommables pendant 3 à 10 jours.

Faites tremper 2 cuil. à soupe de graines à germer pendant 1 nuit dans une eau faiblement minéralisée. Le lendemain matin, rincez-les et égouttez-les. Mettez-les dans un bocal avec de la gaze tenue par un élastique par-dessus. Il faut que l'air passe, mais pas les insectes.

Posez le bocal sur le rebord de l'évier par exemple, il doit être incliné pour que l'eau ne stagne pas dedans. Les graines pourraient pourrir si l'eau stagnait. Mettez les bocaux à la lumière non directe et dans un endroit tempéré.

Ensuite, pour rincer, vous n'aurez qu'à mettre de l'eau au travers de la gaze, mélanger doucement et vider l'eau. Vous devez rincer les graines 2 fois par jour, matin et soir, un peu plus s'il fait très chaud.

Dès que les premières petites feuilles sont visibles, vous pouvez les consommer. Pour les légumineuses, dès qu'une petite racine apparaît, vous pouvez y aller.

PRÉPARER DU KALE

Kale
Huile d'olive, jus de citron ou vinaigre
Sel

Lavez le kale sous un filet d'eau en retirant bien toute trace de terre. Retirez la côte du kale : très dure, elle n'est pas très bonne à la dégustation (en revanche, elle peut tout à fait passer l'extracteur de jus lorsque vous préparez un jus avec du kale). Il suffit de passer la lame du couteau au ras des feuilles pour ne pas en perdre trop, vous pouvez aussi le faire avec une paire de ciseaux.

Hachez grossièrement le vert du kale et déposez-le dans un saladier. Massez le kale. Parsemez sur les feuilles un peu de sel et arrosez-les de quelques cuillerées à soupe d'huile d'olive (ou autre), de citron ou de vinaigre (pour l'acidité) ; ensuite, massez avec vos deux mains pendant au moins 3 min de manière à ce que chaque feuille soit enrobée et s'attendrisse.

Vous pouvez cuire les feuilles au four pour du kale crousti-fondant, ou les laisser reposer 1 h et les déguster en salade.

Préparation : 20 min   **Cuisson :** 40 min
Repos : 2 h

CROISSANTS

Pour 4 personnes
80 g de sucre en poudre
1 cuil. à café de sel
500 g de farine
1 cube de levure de boulanger fraîche
25 cl de lait de soja
10 cl d'eau tiède
50 g de margarine ramollie

Pour le feuilletage
230 g de margarine bien froide

MATÉRIEL
Machine à pain ou robot pâtissier
Rouleau à pâtisserie

1

Dans le bol d'un robot ou de votre machine à pain ou à la main, disposez dans cet ordre le sucre, le sel et la farine. Dans un bol, diluez la levure avec le lait et l'eau tiédie et laissez reposer 10 min puis ajoutez au mélange.

2

Pétrissez la pâte pendant 10 min, puis ajoutez la margarine ramollie et pétrissez jusqu'à ce que la pâte ne colle plus (ajoutez un peu de farine si celle-ci colle encore un peu). Aplatissez la pâte obtenue en forme de carré et laissez-la reposer pendant 1 nuit au frais.

3

Le lendemain, aplatissez les côtés et ajoutez au centre 230 g de margarine, repliez la pâte, et aplatissez-la à l'aide d'un rouleau à pâtisserie. Pliez-la en trois et disposez-la au frais pendant 1 h. Sortez votre pâton, étalez-le en un rectangle 3 fois plus long que large et repliez-le en 3. Remettez au frais et répétez cette opération 2 fois.

4

Enfin, étalez votre pâte en un large rectangle et découpez des triangles, puis roulez-les de la pointe vers le bord large. Disposez-les sur une plaque à pâtisserie, badigeonnez-les de lait végétal et enfournez pour 15 à 20 min dans un four préchauffé à 220 °C (th. 7-8).

Préparation : 30 min   **Cuisson :** 25 min
Repos : 1 h 50

BRIOCHE À L'HUILE
D'OLIVE ET AUX RAISINS SECS

Pour 1 brioche
100 g d'huile d'olive
1 cuil. à soupe d'eau de fleur d'oranger
20 cl de lait d'amandes
2 œufs
3 pincées de sel
4 cuil. à soupe de sucre
500 g de farine
1 sachet de levure de boulanger
150 g de raisins de secs

MATÉRIEL
Machine à pain ou robot pâtissier (facultatif)

1

Disposez dans la cuve de votre machine à pain ou dans le bol de votre robot ou à la main l'huile d'olive, la fleur d'oranger, le lait d'amandes, les œufs battus en omelette, le sel, le sucre et en dernier la farine et la levure de boulanger.

2

Pétrissez pendant 10 min puis laissez reposer 20 min, ajoutez les raisins secs et repétrissez pendant 10 min. Couvrez d'un torchon et laissez pousser 1 h.

3

Dégazez votre pâte sur un plan de travail fariné, puis formez une boule, que vous disposez dans une cocotte (qui puisse passer au four). Laissez pousser pendant 30 min.

4

Préchauffez votre four à 200 °C (th. 6-7) puis enfournez votre cocotte pendant 25 min. Laissez tiédir, démoulez et laissez refroidir sur une grille.

Les fruits de printemps et d'été

Zoom sur les grands classiques

ABRICOT

L'abricotier est un arbre de petite taille dont le nom latin est *prunus armeniaca*. Originaire d'Asie, il appartient à la famille des rosacées. Son fruit de forme arrondie est charnu, avec une peau veloutée et un noyau dur. Ses couleurs vont de l'orange au rouge et il est parfois légèrement tacheté. Très parfumé, il présente une saveur à la fois douce et acidulée. Il est cultivé dans les régions chaudes et principalement dans le bassin méditerranéen.

LES DIFFÉRENTES VARIÉTÉS

Parmi les nombreuses variétés d'abricots, l'on recense celles de saison et les plus tardives.
Parmi les variétés de saison, on peut citer :
- le Rouge du Roussillon, à la chair ferme, parfumée et au goût délicat ;
- le Kioto, à la chair ferme, sucrée mais peu parfumée.
Parmi les variétés tardives, remarquons :
- l'Orangé de Provence ou Polonais, de forme plus allongée, à la chair fondante et à la saveur parfumée ;
- le Bergarouge à la robe tachetée de rouge, au goût excellent et au parfum très typé ;
- le Bergeron, rouge à maturité et présentant de très grandes qualités gustatives.

BIEN CHOISIR LES ABRICOTS

Les abricots doivent être choisis mûrs car ils n'évoluent plus après avoir été cueillis. Leur peau doit être souple, veloutée au toucher, et le fruit doit dégager un léger parfum plus ou moins accentué selon la variété. La couleur n'est pas un signe de maturité.

LES MODES DE CONSERVATION

Les abricots se conservent 2 ou 3 jours à température ambiante après leur achat. Placés dans le réfrigérateur, ils perdent une grande partie de leur goût. Cependant, ils supportent bien la congélation préparés en oreillons, c'est-à-dire coupés en deux puis dénoyautés.

PRÉPARER LES ABRICOTS

Les abricots peuvent se manger crus aussi bien que cuits. Crus, ils ne nécessitent aucune préparation particulière. Si vous souhaitez les déguster cuits, les modes de cuisson varient en fonction de ce que vous voulez en faire.
Pour des préparations salées ou sucrées, vous pouvez les cuire quelques minutes à la poêle, dans une casserole avec un fond d'eau pour une compote, en papillote pour préserver toute leur saveur ou encore à la vapeur pour les garder plus fermes.

CUISINER ET MARIER CE FRUIT

Les abricots frais sont très appréciés nature, en fruits de table ou en salade. Ils s'associent très bien au fromage blanc et aux crèmes glacées et garnissent merveilleusement les tartes et les pâtisseries. Cuits, ils apportent une touche originale et délicate à de nombreux plats salés. Ils se marient très bien avec les volailles comme la dinde, le chapon ou les cailles, mais aussi avec des viandes comme le porc ainsi qu'avec les poissons fumés.

LES MEILLEURS MOIS POUR LE CONSOMMER

La meilleure période pour savourer des abricots s'étend du mois de juin au mois d'août.

LES VERTUS DE L'ABRICOT

L'abricot est riche en fibres, en sels minéraux et en oligoéléments. Il présente une teneur élevée en provitamine A, ce qui lui confère un réel pouvoir antioxydant. C'est aussi une très bonne source de fer, de cuivre, de potassium, de phosphore et de magnésium. De fait, il est réputé pour être alcalinisant et reminéralisant.

CERISE

La cerise, fruit du cerisier, nom générique désignant plusieurs espèces d'arbres du genre *prunus* de la famille des rosacées, a été largement cultivée et diffusée par les Romains dans tout l'empire. La cerise est une drupe, un petit fruit charnu à noyau, de forme ronde et de couleur rouge plus ou moins foncée ou plus rarement jaune.

LES DIFFÉRENTES VARIÉTÉS

Plusieurs centaines de variétés de cerises sont aujourd'hui répertoriées. Il est toutefois possible d'en distinguer deux types : les cerises douces et les cerises acidulées. Parmi les cerises douces, on peut citer :
- les bigarreaux, possédant une chair ferme, juteuse et croquante. Les plus connus sont les cerises Burlat, les Napoléon, les Reverchon, les Summit ou les Géant d'Hedelfingen ;
- les guignes, molles, tendres et juteuses peuvent être très parfumées comme la Early River.

Parmi les cerises acidulées, on peut citer les griottes et les amarelles qui servent généralement aux conserves, aux liqueurs ou encore aux cerises à l'eau-de-vie.

BIEN CHOISIR LES CERISES

Les cerises doivent être bien charnues, brillantes et colorées. Selon la variété, leur couleur peut être plus ou moins foncée. Leur queue doit être verte et solidement attachée. Évitez celles présentant des meurtrissures car elles vieillissent prématurément.

LES MODES DE CONSERVATION

Les cerises se conservent mal, consommez-les très rapidement après leur achat. Elles peuvent toutefois se garder 3 jours à température ambiante et 5 jours au réfrigérateur. Dans ce cas, il est préférable de les placer dans une boîte hermétique pour les préserver des odeurs et de les sortir 1 heure avant de les déguster, car le froid neutralise leur saveur.

PRÉPARER LES CERISES

Lavez et séchez les cerises juste avant de les savourer. Les laver longtemps avant leur consommation n'est pas utile, le fruit s'abîmerait prématurément. Pour dénoyauter les cerises, faites-les tremper dans de l'eau glacée pendant 1 h, retirez le pédoncule, incisez la base en croix et, pour finir, à l'aide d'un pique, expulsez le noyau.

CUISINER ET MARIER CE FRUIT

Les cerises se mangent telles quelles, en fruits de table, et font de très bons desserts comme les clafoutis, les tartes, les compotes, les sirops. Elles peuvent être préparées en sucré-salé et accompagnent très délicatement de nombreuses viandes comme le foie de veau, le magret de canard, les volailles, les gibiers ou le porc. Elles sont également délicieuses sur une tartine de fromage frais ou dans une salade de pousses d'épinards et de magret fumé.

LES MEILLEURS MOIS POUR LA CONSOMMER

Les cerises se consomment de la mi-mai à la mi-juillet.

LES VERTUS DE LA CERISE

La cerise possède de réelles vertus diététiques car elle a des propriétés antioxydantes, diurétiques et laxatives à la fois. En cas d'intestins fragiles, la cuisson permet de mieux la digérer. Il s'agit d'un fruit bien pourvu en minéraux ainsi qu'en oligoéléments. Les cerises sont les plus sucrés des fruits rouges.

FRAISE

La fraise, « fruit » du fraisier, doit son nom à un dérivé du latin populaire *fragra*, qui fait référence à son parfum. Elle fait partie des plantes herbacées de la famille des rosacées. Au sens botanique du terme, les vrais fruits sont en réalité les akènes, les petits grains secs et foncés disposés dans des alvéoles plus ou moins profondes de la baie. La partie charnue ne correspond qu'au réceptacle hypertrophié de la fleur.

LES DIFFÉRENTES VARIÉTÉS

Il existe plus de 600 variétés de fraises. Parmi les plus courantes, distinguons :
- les variétés non remontantes, cueillies au printemps, comme la Favette, la Gariguette, la Cigaline ou la Matis ;
- les variétés remontantes, cueillies du printemps aux gelées comme la Mara des Bois, la Reine des Vallées, la Cirafine, la Charlotte ou la Seascape.

BIEN CHOISIR LES FRAISES

Les fraises doivent être choisies rouges, uniformément colorées, sans taches, bien brillantes, fermes et avec un pédoncule vert. Il est inutile de les prendre grosses, en revanche il est important de les choisir bien parfumées.

LES MODES DE CONSERVATION

Il est préférable de consommer les fraises dans la journée car elles sont fragiles. En cas de fortes chaleurs, il leur arrive de tourner. Elles peuvent éventuellement être gardées au réfrigérateur pendant 24 heures, couvertes, dans le bac à légumes, espacées et sans lavage préalable.
Le coulis et la compote de fraises peuvent se congeler mais en dehors de ces deux préparations, les fraises fraîches ne se prêtent pas bien à la congélation.

PRÉPARER LES FRAISES

Accommodez les fraises au dernier moment et évitez au maximum de les exposer à la chaleur. En limitant les manipulations, lavez-les rapidement et équeutez-les seulement après les avoir lavées sans quoi elles risqueraient de se gorger d'eau. Pour profiter pleinement de leur parfum, mieux vaut les sortir du réfrigérateur quelque temps avant leur dégustation.

CUISINER ET MARIER CE FRUIT

Particulièrement appréciées pour les desserts, les fraises se mangent crues, en tartes, en pâtisseries ou en salades de fruits. Elles peuvent être marinées dans du vin, gratinées, mises en terrine, en confiture, en gelée, montées en mousse, en glace ou encore en sorbet ! Elles se marient parfaitement aux crèmes et aux fromages blancs mais aussi à la menthe, au romarin et au thym. Leur saveur est également réputée pour accompagner délicatement la truite !

LES MEILLEURS MOIS POUR LA CONSOMMER

La meilleure saison pour consommer les fraises s'étend du mois de mai au mois de septembre. Lorsqu'elles sont cultivées hors sol ou sous tunnel chauffé, il est possible d'allonger cette période et de les récolter d'avril à novembre.

LES VERTUS DE LA FRAISE

La fraise est connue pour ses vertus diurétiques, astringentes, dépuratives et apéritives. Souvent utilisée dans le cadre de régimes amaigrissants, elle est recommandée aux personnes anémiées. Il faut cependant être vigilant car appartenant aux aliments histamino-libérateurs, elle peut s'avérer urticante et provoquer des réactions allergiques urticantes.

FRAMBOISE

La framboise est le fruit du framboisier, dont le nom latin est *rubus idaeus*, un arbrisseau de la famille des rosacées originaire des zones montagneuses d'Europe. Le fruit généralement rouge est composé de plusieurs petits grains, les drupéoles, contenant chacune une graine appelée drupe. De forme relativement conique, la framboise présente un goût sucré et parfois acidulé.

LES DIFFÉRENTES VARIÉTÉS

On peut distinguer deux types de framboisiers :
- les espèces remontantes, qui fructifient deux fois par an, en juin et en septembre ;
- les non remontantes, dont la pousse s'effectue sur les cannes de l'année précédente.

Parmi les espèces remontantes, on peut citer la framboise Héritage, particulièrement parfumée et offrant d'abondantes récoltes du mois d'août aux premières gelées. Parmi les espèces non remontantes se distingue la framboise Meeker, la variété la plus produite en France avec d'assez gros fruits, fermes, rouges et brillants.

BIEN CHOISIR LES FRAMBOISES

La couleur des framboises varie selon la variété et ne constitue pas un critère de choix. Pourvues de grains intacts, d'un aspect velouté, elles doivent êtres charnues et fermes. Les framboises s'achètent mûres car elles n'évoluent plus après la cueillette. Comme elles sont vendues en barquette, il est recommandé d'en vérifier le fond pour éviter d'acheter des fruits écrasés.

LES MODES DE CONSERVATION

La fraîcheur des framboises est très éphémère ; elles se conservent 1 à 2 jours au maximum au réfrigérateur, espacées et dans un récipient hermétique.
Les framboises sont des fruits fragiles : manipulez-les et stockez-les avec soin. Sucrées, elles se conservent plus longtemps. Les framboises supportent aussi très bien la congélation.

PRÉPARER LES FRAMBOISES

Aucune préparation particulière n'est nécessaire. Les fruits non traités n'ont pas besoin d'être lavés. Il est préférable de passer les autres sous l'eau claire et non de les plonger dans un bain, sinon elles se gorgeraient d'eau.
Concernant les modes de cuisson, les framboises peuvent se cuire à la casserole, à la poêle ou encore au confiturier.

CUISINER ET MARIER CE FRUIT

Les framboises sont très appréciées nature, avec du sucre ou encore de la crème fraîche. Elles garnissent délicatement tartes et salades et parfument merveilleusement les sorbets. Elles peuvent être cuites en confitures, en gelées, en compotes ou en coulis. Pour une touche originale, associez-les aux groseilles à maquereaux, à la truite et au magret de canard. Enfin, les framboises sont souvent conservées au vinaigre ou au sirop.

LES MEILLEURS MOIS POUR LA CONSOMMER

Les framboises sont des fruits d'été, leur meilleure saison a lieu en juillet, août et septembre.

LES VERTUS DE LA FRAMBOISE

Très savoureuse et peu calorique, la framboise contient de nombreux minéraux comme le potassium, le phosphore et le magnésium. Riche en fibres et en vitamine C, elle peut aussi s'avérer très laxative.

KIWI

Le kiwi, dont le nom latin est *actinidia chinensis*, est le fruit d'une liane sarmenteuse appartenant à la famille des actinidiacées. Originaire de Chine, il se rencontre dans les climats dits montagnards-tropicaux. Cette plante grimpante vigoureuse pouvant atteindre 6 m de hauteur donne une baie charnue ovale, à la peau brunâtre recouverte d'un duvet.

LES DIFFÉRENTES VARIÉTÉS

La culture du kiwi a longtemps été dominée par le Hayward, une excellente variété à gros fruits, très productive. La gamme s'est aujourd'hui élargie et il est possible de trouver :
- le kiwi Jenny, une variété autofertile ;
- le kiwi Tomuri, une variété pollinisatrice ;
- le kiwi Bruno, une variété à la croissance moins exubérante.

BIEN CHOISIR LES KIWIS

Le kiwi a la forme et la taille d'un œuf. Son poids peut varier de 50 à 100 g selon les variétés. Souple sous la pression des doigts, il aura une saveur fondante et sucrée ; plus ferme, il sera plus acidulé. Il est possible d'acheter des kiwis encore relativement durs car une fois cueillis, ils continuent de mûrir. À l'inverse, la peau du kiwi ne doit pas être flétrie.

LES MODES DE CONSERVATION

Les kiwis peuvent être conservés dans la corbeille à fruits, à température ambiante, pendant 1 semaine en fonction de leur maturité à l'achat. Mélangés à des pommes et des agrumes, qui dégagent de l'éthylène, les kiwis mûrissent plus rapidement. Pour leur congélation, il est d'usage de les peler, de les couper en rondelles puis de les disposer sur une plaque. Une fois les rondelles congelées, mettez-les en vrac dans un sac hermétique, au congélateur.

PRÉPARER LES KIWIS

Le kiwi s'épluche facilement et peut être coupé en cubes ou en rondelles pour agrémenter une salade ou décorer un plat. Le fruit coupé en deux, sa chair peut être dégustée à la petite cuillère. Lors de sa préparation, veillez à ne pas écraser les petites graines noires car elles lui donnent beaucoup d'amertume.

CUISINER ET MARIER CE FRUIT

Le kiwi se consomme très souvent sous sa forme la plus simple, c'est-à-dire à la petite cuillère, comme un œuf à la coque. Il est aussi fréquemment utilisé dans les compotes, les confitures, les salades de fruits, les glaces et les sorbets. Il se prépare très bien en tarte et accompagne subtilement les poissons, les viandes blanches, les abats, le fromage blanc et les crèmes.

LES MEILLEURS MOIS POUR LE CONSOMMER

Les kiwis « de saison » se consomment durant les mois de novembre à mai.

LES VERTUS DU KIWI

Le kiwi est un bon antioxydant et anti-anémique. Efficace en cas de fatigue, sa grande teneur en vitamine C permet de combattre les états grippaux : un seul kiwi satisfait à l'apport journalier recommandé, deux fois plus qu'une orange ! Il a également un effet bénéfique sur les processus de vieillissement cellulaire, ses fibres sont abondantes et ses graines noires contiennent de la vitamine E.

MELON

Le melon, dont le nom latin est *cucumis melo*, est une plante herbacée annuelle originaire d'Afrique tropicale appartenant à la famille des cucurbitacées. Le terme désigne aussi son fruit savoureux, sucré et parfumé pour lequel cette plante potagère est très largement cultivée. Ce faux fruit comestible est souvent volumineux, de forme plutôt ronde, avec une peau striée.

LES DIFFÉRENTES VARIÉTÉS

Parmi les nombreuses variétés de melons, citons :
- le charentais jaune, le plus consommé en France, à la peau vert clair tendant vers le jaune lorsqu'il arrive à maturité et avec une chair orange, sucrée, juteuse et très parfumée ;
- le charentais vert, à la robe verte, avec une chair moins parfumée mais souvent plus croquante et sucrée.

Le nom « charentais » correspond à un type commercial et non à une origine géographique.

Les autres types de melons qu'il est possible de trouver sur les étals sont :
- le Brodé Américain, plutôt rond, entièrement recouvert d'une broderie très serrée ;
- le Brodé Italien, de forme ovoïde, bien marqué au niveau des côtes ;
- le Canari, de forme allongée, d'un jaune vif prononcé ;
- le Galia, de forme toujours ronde avec une robe plutôt jaune ;
- le Piel de Sapo, de forme ovale, de très gros calibre et de couleur vert foncé.

BIEN CHOISIR LE MELON

Pour bien choisir le melon, soupesez-le, sentez-le et observez-le. Il doit être lourd, dégager un parfum qui lui est typique (plus le melon est odorant, plus il est mûr). Le pédoncule doit se décoller légèrement et laisser apparaître une craquelure. Attention, la taille du pédoncule n'influe pas sur la qualité du fruit, sa couleur non plus.

LES MODES DE CONSERVATION

Le melon continue de mûrir après avoir été cueilli et peut se garder quelques jours à température ambiante. Juste mûr, il préfère être stocké dans un endroit frais, pas trop longtemps. Très mûr, il peut être emballé dans un film plastique pour éviter qu'il ne répande son odeur, puis placé au réfrigérateur 1 ou 2 jours au maximum.

PRÉPARER LE MELON

Le melon ne nécessite pas de préparation très élaborée. Il suffit de l'ouvrir en deux avec un bon couteau, de retirer les graines et les filaments à la petite cuillère puis de le couper si besoin en tranches, en cubes ou encore d'en faire des billes pour plus d'originalité.

CUISINER ET MARIER CE FRUIT

Le melon se consomme frais mais pas glacé. Une fois préparé, il est délicieux nature ou arrosé de porto. Il peut être incorporé dans des salades ou des brochettes sucrées-salées. Il s'associe merveilleusement avec toutes sortes de fruits mais aussi avec le jambon de Parme, le crabe, le saumon, le haddock et les fruits de mer.
Les épices comme l'anis, la vanille, le gingembre et le poivre se marient très bien à lui, ainsi que les fines herbes.

LES MEILLEURS MOIS POUR LE CONSOMMER

Pour déguster les meilleurs melons, préférez les mois de juin, juillet et août.

LES VERTUS DU MELON

Très rafraîchissant, le melon est riche en potassium et en fibres. C'est aussi un fruit diurétique et laxatif. Quelle que soit sa couleur, il constitue une source importante de vitamine C et sa richesse en carotène lui confère de réelles propriétés antioxydantes. Contrairement aux idées reçues, sa teneur en sucre est plus que raisonnable et son apport calorique modéré.

RHUBARBE

La rhubarbe, dont le nom latin est *rheum rhaponticum*, est une plante vivace de la famille des polygonacées. Classée comme légume par les botanistes, elle reste considérée la plupart du temps comme un fruit. La plante peut mesurer jusqu'à 1 m de hauteur et développe des feuilles de très grandes dimensions. Seules ses tiges, appelées pétioles, sont comestibles. À l'inverse, ses feuilles sont très riches en acide oxalique et donc très toxiques.

LES DIFFÉRENTES VARIÉTÉS

Il existe peu de variétés de rhubarbe, et elles ont toutes sensiblement la même saveur acidulée. Il est cependant possible d'en distinguer deux types, selon leur couleur :
- les rhubarbes vertes, comme la Victoria ;
- les rhubarbes rougeâtres, comme la Valentine, la Canada Red ou la Macdonald. Plus les tiges sont vertes, plus elles sont acides. La rhubarbe cultivée au soleil sera ainsi plus sucrée.

BIEN CHOISIR LA RHUBARBE

Les tiges doivent être fermes et denses. Leurs extrémités ne doivent pas être desséchées. Pour vérifier la fraîcheur de la rhubarbe, cassez l'un des pétioles : la sève doit s'écouler. Mieux vaut choisir les tiges rouge rosé que trop vertes.

LES MODES DE CONSERVATION

La rhubarbe se conserve quelques jours dans le bac à légumes du réfrigérateur. Veillez cependant à ne pas l'y laisser trop longtemps sans quoi les tiges deviendraient molles. La rhubarbe se congèle très bien. Après l'avoir lavée et coupée en tronçons, mettez-la dans un sac à congélation et elle se gardera plusieurs mois au congélateur. Si la rhubarbe fraîche est dure et filandreuse, il est préférable de la peler avant de la congeler.

PRÉPARER LA RHUBARBE

Coupez d'abord les feuilles pour ne garder que les pédoncules, puis lavez-les et séchez-les. Si les tiges sont jeunes, inutile de les éplucher. En revanche, les plus grosses seront pelées puis soigneusement effilées. Il est possible d'utiliser un économe ou de retirer cette première couche épaisse avec les doigts : après avoir fait une encoche au couteau à l'une des extrémités, tirez les fibres vers le bas. Coupez ensuite la rhubarbe en tronçons.

CUISINER ET MARIER CE FRUIT

La rhubarbe peut se manger crue accompagnée de sucre mais il est d'usage de la cuire pour atténuer son acidité. Outre les tartes, crumbles et compotes, elle se marie à merveille avec les viandes blanches, les volailles, les poissons ou bien on peut la déguster tout simplement revenue à la poêle avec du beurre. Les fraises, les poires et les pommes l'accompagnent aussi bien et il en est de même pour le gingembre !

LES MEILLEURS MOIS POUR LA CONSOMMER

La meilleure période pour savourer la rhubarbe court du mois d'avril au mois de juillet.

LES VERTUS DE LA RHUBARBE

La rhubarbe est riche en vitamine C, ce qui lui confère des vertus toniques et antianémiques. Elle est aussi très laxative grâce à sa richesse en fibres et apporte en grande quantité des minéraux comme le potassium et le phosphore. Enfin, la substance sécrétée par sa racine est reconnue pour son action antiseptique contre les problèmes de foie.

Préparation : 30 min **Cuisson :** 40 min
Repos : 45 min

PAINS AU LAIT
DE NOISETTES

Pour 10 pains au lait
30 cl de lait de noisettes
1 œuf
1 cuil. à café de sel
50 g de sucre
80 g de farine d'épeautre
50 g de margarine
450 g de farine blanche
1 sachet de levure de boulanger
100 g de chocolat noir

MATÉRIEL
Machine à pain ou robot pâtissier (facultatif)

1

Dans la cuve de votre machine à pain ou de votre robot pâtissier (ou à la main), versez le lait tiède, puis ajoutez l'œuf battu en omelette, le sel, le sucre, la farine d'épeautre, la margarine, la farine blanche, la levure de boulanger et pour finir le chocolat noir coupé en morceaux.

2

Lancez votre programme pâte seule, ou, si vous la faites à la main, pétrissez pendant 10 min puis laissez reposer 15 min, et repétrissez 10 min. Couvrez d'un linge et laissez reposer pendant 30 min.

3

Une fois votre programme terminé, sortez votre pâton et disposez-le sur votre plan de travail fariné au préalable. Découpez 9 boules de même taille, pétrissez-les légèrement et disposez-les sur une plaque à pâtisserie.

4

Préchauffez votre four à 70 °C (th. 2-3), versez de l'eau bouillante dans un bol placé au fond du four ou dans le lèchefrite, et faites lever vos petits pains au four pendant 30 min.

5

Sortez-les puis préchauffez le four à 210 °C (th. 7) et enfournez vos pains pendant 10 min. Laissez-les ensuite refroidir sur une grille.

Préparation : 5 min **Cuisson :** 30 min

GRANOLA SANS GLUTEN
AUX GRAINES ET BAIES D'AGUAYMANTO

Pour environ 350 g de granola
100 g de flakes de sarrasin
30 g de quinoa soufflé
20 g de flocons de riz
30 g de riz soufflé
35 g de graines de courge
35 g de graines de tournesol
50 g de baies d'aguaymanto séchées
6 cl de sirop d'érable
6 cl de jus de pomme
4 cl d'huile de tournesol ou d'huile de coco
1 pincée de cannelle en poudre
1 pincée de sel

1
Préchauffez le four à 160 °C (th. 5).

2
Mélangez les graines avec la cannelle et les céréales. Versez le sirop d'érable, le jus de pomme, l'huile, le sel par-dessus et mélangez bien. Répartissez la préparation sur une plaque de cuisson et enfournez pendant 30 min. Mélangez les céréales à mi-cuisson et replacez au four jusqu'à ce qu'elles soient bien dorées. Laissez-les refroidir complètement.

3
Mélangez le granola refroidi aux baies d'aguaymanto et placez-le dans une boîte hermétique. Dégustez ce granola avec du lait végétal.

Préparation : 5 min

GREEN SMOOTHIE

Pour 1 grand verre
½ banane
½ avocat
1 kiwi
1 poignée d'épinards
2 feuilles de laitue
Le jus ce ½ citron

MATÉRIEL
Blender

1
Épluchez la banane, l'avocat et le kiwi. Coupez-les en morceaux et déposez-les dans le bol du blender avec le jus de citron.

2
Lavez les feuilles de laitue et d'épinards, égouttez-les et déposez-les au-dessus des fruits coupés. Mixez avec 3 glaçons et 30 cl d'eau. Servez aussitôt.

INFO NUTRITION
L'avocat est riche en graisses insaturées qui participent à la bonne santé du système cardiovasculaire. Il contient également des composés antioxydants et des fibres qui favorisent le bon fonctionnement intestinal.

Préparation : 5 min

EXOTIQUE

Pour 1 grand verre
¼ d'ananas
½ mangue
3 fruits de la Passion
10 cl d'eau de coco
Le jus de 1 citron vert

MATÉRIEL
Blender

1
Écorcez l'ananas, pelez la mangue, et coupez leur chair en morceaux. Ouvrez en deux les fruits de la Passion, récupérez-en la pulpe et les graines et déposez-les avec l'ananas, la mangue, le jus de citron vert et l'eau de coco dans le bol du blender.

2
Mixez avec 4 glaçons et servez sans attendre.

INFO NUTRITION
L'eau de coco est pauvre en sucre, donc pauvre en calories. Sa richesse en potassium en fait une boisson particulièrement diurétique, ce qui facilite l'élimination des toxines. Elle est aussi très désaltérante.

Préparation : 5 min

SUPERFRUITS

Pour 1 grand verre
100 g de myrtilles
100 g de framboises
15 cl de jus de cranberry
2 oranges

MATÉRIEL
Blender
Presse-agrumes

1
Lavez les myrtilles, les framboises et pressez les 2 oranges. Mixez le tout dans le blender avec le jus de cranberry et 4 glaçons. Servez aussitôt.

INFO NUTRITION
Les baies telles que les myrtilles, les framboises et les cranberries sont très riches en fibres qui aident au bon fonctionnement de l'intestin. Elles contiennent également de grandes quantités de substances antioxydantes.

Préparation : 20 min   **Cuisson :** 10 à 12 min

SCONES AU FROMAGE

Pour 4 personnes
60 g de fromage (reblochon, cantal, etc.)
50 g de fruits secs (dattes, raisins, etc.)
150 g de farine de riz
60 de flocons de quinoa
20 g de fécule de maïs
½ cuil. à café de gomme de guar
½ sachet de levure
90 g de beurre demi-sel
15 cl de lait

Pour dorer les scones
1 jaune d'œuf
2 cuil. à soupe de lait

1

Ôtez la croûte et coupez le fromage en petits dés. Coupez les dattes en deux, enlevez le noyau et émincez-les. Déposez la farine, les flocons de quinoa, la fécule, la gomme de guar et la levure dans un saladier.

2

Coupez 70 g de beurre en petits morceaux. Incorporez-les au contenu du saladier en malaxant le tout du bout des doigts jusqu'à l'obtention d'une pâte friable. Ajoutez le fromage, les fruits secs et mélangez. Versez le lait progressivement de manière à obtenir une pâte souple (sans être pour autant collante). Formez une boule.

3

Préchauffez le four à 220 °C (th. 7). Dans un ramequin, versez le jaune d'œuf et les 2 cuil. à soupe de lait. Mélangez. Sur un plan de travail fariné, formez des scones d'environ 5 cm de diamètre. Badigeonnez chaque scone du mélange de jaune d'œuf et de lait.

4

Disposez les scones sur une plaque à pâtisserie antiadhésive en les espaçant suffisamment puis enfournez pour 10 à 12 min de cuisson. Ils doivent être bien gonflés et dorés.

Préparation : 15 min **Cuisson :** 1 min par face

PANCAKES AU LAIT RIBOT,
SIROP D'AGAVE ET BAIES DE GOJI

Pour 4 personnes
2 œufs
20 g de sucre de canne
90 g de beurre demi-sel fondu
200 g de farine de riz
4 pincées de bicarbonate
20 cl de lait ribot

Pour servir
1 pot de sirop d'agave
2 cuil. à soupe de baies de goji

1
Cassez 1 œuf et séparez le blanc et le jaune. Battez le blanc énergiquement jusqu'à ce qu'il tienne aux branches du fouet, serrez avec le sucre de canne.

2
Dans une casserole, faites fondre le beurre à feu doux.

3
Dans un saladier, réunissez la farine, le bicarbonate, l'œuf entier, le jaune restant et 70 g de beurre fondu. Incorporez le lait puis le blanc monté en neige.

4
Badigeonnez le fond d'une poêle de beurre demi-sel, déposez une petite louche de pâte et faites cuire 1 min de chaque côté de manière à ce que le pancake soit doré. Réservez et recommencez l'opération.

5
Sur une assiette à dessert, dressez les pancakes et agrémentez de sirop d'agave et de baies de goji.

Préparation : 10 min **Cuisson :** 15 min
Repos : 2 h

BARRES DE CÉRÉALES

Pour 4 personnes
130 g de fruits secs (20 g de noisettes entières, 30 g d'amandes entières,
20 g de raisins blonds, 20 g de pignons de pin, 20 g de cranberries, 20 g de pistaches)
250 g de muesli maison (réalisé avec un mélange de flocons de quinoa, de millet et de sarrasin)
100 g de beurre demi-sel
40 g de sirop d'agave
20 g de sucre de canne

MATÉRIEL
Petits moules à cakes

1
Préchauffez le four à 180 °C (th. 6). Mélangez les fruits secs et le muesli.

2
Dans une casserole, faites fondre le beurre, le sirop d'agave et le sucre. Versez le muesli et les fruits secs dans la casserole et mélangez bien.

3
Tassez fermement la préparation dans les moules et enfournez pour 15 min de cuisson.

4
Sortez du four et laissez reposer 2 h avant de démouler.

Préparation : 5 min **Cuisson :** 5 min
Repos : 5 min

FLOCONS D'AVOINE
CRÉMEUX, MYRTILLES ET NOISETTES

Pour 1 personne
30 g de flocons d'avoine
50 g de myrtilles
4 noisettes
½ cm de racine de gingembre frais
12 cl de lait de noisettes
1 cuil. à café de sirop d'érable

MATÉRIEL
Casserole
Râpe

1
Épluchez le gingembre et râpez-le. Dans la casserole, mélangez les flocons d'avoine, le gingembre râpé et le lait de noisettes puis laissez reposer pendant 5 min.

2
Portez le mélange à ébullition et remuez jusqu'à ce que vous obteniez une consistance crémeuse, ajoutez le sirop d'érable et mélangez. Servez avec les myrtilles et les noisettes concassées.

Niveau FACILE

Préparation : 10 min   **Cuisson :** 5 à 10 min

FALAFELS

Pour 15 falafels
265 g de pois chiches égouttés (en conserve)
1 oignon frais
4 brins de persil
4 brins de coriandre
3 cuil. à soupe de farine
2 pincées de sel
2 cuil. à soupe d'huile d'olive

MATÉRIEL
Mixeur

1
Mettez les pois chiches dans le bol du mixeur. Pelez et coupez l'oignon en quatre et ajoutez-le aux pois chiches avec le persil et la coriandre. Mixez puis versez progressivement la farine et le sel. Mixez encore jusqu'à obtenir une préparation homogène.

2
Prenez une noix de la préparation et roulez-la entre vos mains. Procédez ainsi jusqu'à épuisement de la préparation.

3
Faites chauffer l'huile d'olive dans une sauteuse puis faites dorer les boulettes de 5 à 10 min en les retournant.

4
Servez chaud ou tiède.

Préparation : 10 min

HOUMMOS À L'AVOCAT

Pour 4 personnes
200 g de pois chiches cuits
1 avocat bien mûr
5 cl de jus de citron
1 gousse d'ail
1 cuil. à soupe de tahin (purée de sésame)
3 cl d'huile d'olive
2 pincées de sel

1

Dans le bol d'un mixeur, déposez les pois chiches.

2

Épluchez l'avocat, coupez-le en deux, ôtez le noyau et ajoutez la chair dans le mixeur.

3

Versez par-dessus le jus de citron et le sel. Épluchez la gousse d'ail, dégermez-la et ajoutez-la dans le mixeur.

4

Enfin, ajoutez le tahin et l'huile d'olive avant de mixer 1 min à pleine puissance. Ajoutez de l'eau si vous désirez une consistance moins ferme.

ASTUCE
Dégustez sur du pain libanais.

Préparation : 10 min   **Cuisson :** 15 à 20 min

Pour 15 feuilletés environ
1 pâte feuilletée maison (voir recette p. 10) ou du commerce
1 cuil. à soupe de moutarde forte
1 grosse cuil. à soupe de crème de soja
2 saucisses végétales
⅓ de reblochon

MATÉRIEL
Plaque à pâtisserie

1

Préchauffez le four à 180 °C (th. 6). Étalez la pâte feuilletée, badigeonnez-la de moutarde et de crème.

2

Placez les saucisses sur la pâte. Coupez le fromage en tranches et disposez-les sur les saucisses. Roulez le tout puis découpez en petits tronçons.

3

Rangez les feuilletés sur la plaque et enfournez pour 15 à 20 min de cuisson.

4

Dégustez tiède ou chaud.

CONSEIL
Vous trouverez les saucisses végétales dans les épiceries bio.

Préparation : 15 min   **Cuisson :** 20 min
Repos : 1 h

MADELEINES
AU CHÈVRE ET MENTHE

Pour 18 madeleines
120 g de farine
½ sachet de levure chimique
60 g de beurre
6 feuilles de menthe
2 œufs
2 cuil. à soupe de lait d'avoine
80 g de chèvre

MATÉRIEL
Moules à madeleines

1
Dans un saladier, assemblez la farine et la levure. Faites fondre le beurre. Ciselez la menthe.

2
Cassez les œufs un à un dans le saladier, puis versez le beurre fondu et le lait. Mélangez bien la préparation. Incorporez le chèvre émietté et la menthe ciselée.

3
Placez la préparation au frais pendant 1 h.

4
Préchauffez le four à 180 °C (th. 6). Versez la pâte dans les moules et enfournez pour 20 min de cuisson.

5
Démoulez puis servez les madeleines chaudes ou tièdes.

Niveau FACILE

Préparation : 10 min   **Repos :** 30 min
Cuisson : 10 min

CRACKERS À L'ÉPEAUTRE

Pour 12 crackers
100 g de farine d'épeautre
50 g de farine blanche
1 pincée de sel
60 g de margarine
Un peu de lait

MATÉRIEL
Rouleau à pâtisserie
Plaque à pâtisserie
Emporte-pièce de votre choix
Film alimentaire

1

Préchauffez le four à 180 °C (th. 6).

2

Dans un saladier, mélangez les farines et le sel. Ajoutez la margarine et mélangez du bout des doigts. Une fois que vous obtenez une pâte sableuse, versez quelques gouttes de lait, jusqu'à obtenir une belle boule de pâte. Filmez et laissez reposer au frais 30 min.

3

Étalez la pâte au rouleau puis découpez-la à l'aide de l'emporte-pièce. Disposez les morceaux de pâte sur la plaque puis enfournez pour 10 min de cuisson.

4

Décollez à l'aide d'une spatule et laissez refroidir.

Préparation : 10 min

TARTINADE
DE TOMATES SÉCHÉES

Pour 1 pot
1 bocal de tomates séchées à l'huile
2 cuil. à soupe de noix de cajou
2 grosses cuil. à soupe de tofu soyeux

MATÉRIEL
Mixeur

1
Dans le bol du mixeur, disposez tous les ingrédients. Mixez jusqu'à obtenir un mélange homogène.

2
Versez la préparation dans un bol et disposez au frais jusqu'au moment de servir.

CONSEILS
Ce mélange est délicieux sur des toasts grillés ou avec des crackers maison (voir p. 76) ou du commerce.
Vous pouvez garder l'huile des tomates séchées pour aromatiser vos vinaigrettes.

Niveau FACILE

Préparation : 15 min   **Cuisson :** 15 min

PIZZA ROLLS

Pour 30 pizza rolls environ
1 pâte à pizza maison (voir recette p. 12) ou du commerce
Un peu de farine
3 cœurs d'artichauts
½ boule de mozzarella
2 cuil. à soupe de pesto rosso
4 cuil. à soupe de parmesan râpé

MATÉRIEL
Plaque à pâtisserie

1

Préchauffez le four à 200 °C (th. 6-7). Étalez la pâte à pizza sur un plan de travail fariné. Détaillez les cœurs d'artichauts et la mozzarella en petits morceaux. Étalez le pesto rosso sur la pâte et parsemez de morceaux de cœurs d'artichauts et de mozzarella. Saupoudrez de parmesan.

2

Roulez la pâte en boudin puis découpez ce rouleau en tronçons de 1 cm d'épaisseur environ.

3

Disposez les tronçons de pâte roulée sur la plaque et enfournez pour 15 min de cuisson.

4

Dégustez tiède ou chaud.

Préparation : 10 min

BARQUETTES D'ENDIVES
AU ROQUEFORT

Pour 20 barquettes environ
1 endive
100 g de roquefort
4 cuil. à soupe de crème
2 Carré Frais

1
Effeuillez l'endive et disposez les feuilles sur un plat de service.

2
Dans un bol, écrasez le roquefort avec la crème et le fromage frais, jusqu'à obtenir une consistance homogène.

3
Déposez cette crème au cœur des feuilles.

4
Réservez au frais avant de servir.

Préparation : 10 min   **Cuisson :** 10 min

MINI-PIZZAS

Pour 15 mini-pizzas
1 rouleau de panisse
15 cuil. à café de concentré de tomates
15 olives dénoyautées
100 g de gruyère râpé

1
Préchauffez le four à 180 °C (th. 6). Détaillez le rouleau de panisse en 15 rondelles.

2
Étalez le concentré de tomates sur chaque rondelle et disposez une olive ; saupoudrez de gruyère.

3
Enfournez pour 10 min de cuisson.

4
Dégustez tiède ou chaud.

À SAVOIR
La panisse est d'origine marseillaise et niçoise. C'est une spécialité à base de pois chiche, d'eau et d'huile d'olive.

Préparation : 15 min

GUACAMOLE
À LA SPIRULINE

Pour 4 personnes
1 gros avocat
Le jus de 1 citron vert
2 brins de basilic
1 petit oignon
2 cuil. à café de spiruline en poudre
1 pincée de piment d'Espelette
Sel

1
Coupez l'avocat en deux, ôtez le noyau et prélevez la chair. Coupez-la en dés.

2
Versez le jus de citron vert sur l'avocat. Écrasez les morceaux d'avocat à la fourchette.

3
Hachez finement les feuilles de basilic et le petit oignon épluché. Ajoutez-les à la préparation et mélangez.

4
Ajoutez la spiruline, le piment d'Espelette et salez. Mélangez bien et servez avec des tortillas.

ASTUCE
Vous pouvez essayer le guacamole au tartare d'algues également.

Préparation : 15 min **Trempage :** 3 h

FAUX TARAMA

Pour 4 personnes
100 g de noix de cajou
100 g de cerneaux de noix
10 cl de crème d'amandes
3 cl de jus de citron
20 g de betterave crue
2 cl d'huile de colza
Sel et poivre

1
Faites tremper pendant 3 h les noix de cajou et les cerneaux de noix. Égouttez-les. Déposez-les dans le bol d'un mixeur muni d'une lame en S.

2
Ajoutez la crème d'amandes, le jus de citron et l'huile de colza, ainsi que la betterave épluchée et coupée en petits morceaux.

3
Salez, poivrez et mixez. Faites-le en plusieurs fois pour éviter que la préparation ne chauffe trop. Servez sur des toasts.

ASTUCE
Pour accentuer naturellement la couleur rose, ajoutez un peu de poudre de betterave.

Préparation : 15 min

PRUNEAUX FARCIS
AU FROMAGE FRAIS

Pour 30 pruneaux farcis
30 pruneaux dénoyautés
1 échalote
½ bouquet de persil frais
½ bouquet de ciboulette
1 pot de chèvre à tartiner (type Chavroux®)
1 cuil. à soupe de crème liquide

1
Pelez l'échalote et coupez-la en petits morceaux. Émincez finement les herbes. Dans un bol, écrasez le chèvre avec la crème liquide. Mélangez le fromage, l'échalote et les herbes.

2
À l'aide d'une petite cuillère, farcissez les pruneaux de cette préparation.

3
Réservez au frais jusqu'au moment de servir.

Préparation : 10 min

SAUCE POUR CRUDITÉS

Pour 1 bol de sauce
200 g de tofu soyeux (voir p. 20)
1 bouquet de persil plat
1 bouquet de ciboulette
6 feuilles de basilic frais
1 cuil. à café d'ail en poudre
½ cuil. à café de sel
1 échalote

MATÉRIEL
Robot mixeur

1
Dans le bol d'un robot mixeur, disposez le tofu, les herbes lavées et séchées, l'ail et le sel.

2
Mixez jusqu'à l'obtention d'une préparation homogène.

3
Ajoutez l'échalote finement ciselée. Accompagnez d'un plateau de crudités : carottes, fenouil, feuilles d'endive, concombre, fleurettes de chou-fleur…

Préparation : 15 min

Pour 4 personnes
4 tortillas nature maison (voir recette p. 16) ou du commerce
1 pot de guacamole maison (voir recette p. 86) ou du commerce
2 tomates bien mûres
1 petite boîte de maïs
1 carotte
Quelques feuilles de laitue
Quelques pousses de soja

Matériel
Film alimentaire

1
Émincez les tomates ; égouttez le maïs. Épluchez et râpez la carotte.

2
Sur chaque tortilla, étalez du guacamole et répartissez tous les légumes.

3
Roulez chaque tortilla bien serrée, filmez puis réservez au frais jusqu'à dégustation

SUGGESTIONS
Vous pouvez ajouter des morceaux de chèvre ou de feta.

Préparation : 20 min **Cuisson :** 15 min

MINI-PIZZAS POMME, MIEL ET CAMEMBERT

Pour 8 pizzas
1 pâte à pizza maison (voir recette p. 12) ou du commerce
1 pomme
100 g de camembert
8 cuil. à café de crème liquide
4 cuil. à café rase de miel liquide

MATÉRIEL
Emporte-pièce ronds
Plaque à pâtisserie

1

Préchauffez le four à 220 °C (th. 7-8). Abaissez la pâte à pizza et, à l'aide de l'emporte-pièce, découpez 8 cercles. Disposez-les sur la plaque.

2

Épluchez, épépinez et émincez la pomme. Coupez le camembert en tranches. Dans un bol, mélangez la crème et le miel. Sur chaque morceau de pâte, étalez la crème puis répartissez la pomme et le camembert.

3

Enfournez pour 15 min de cuisson.

SUGGESTION
Vous pouvez ajouter quelques pousses de roquette légèrement vinaigrées.

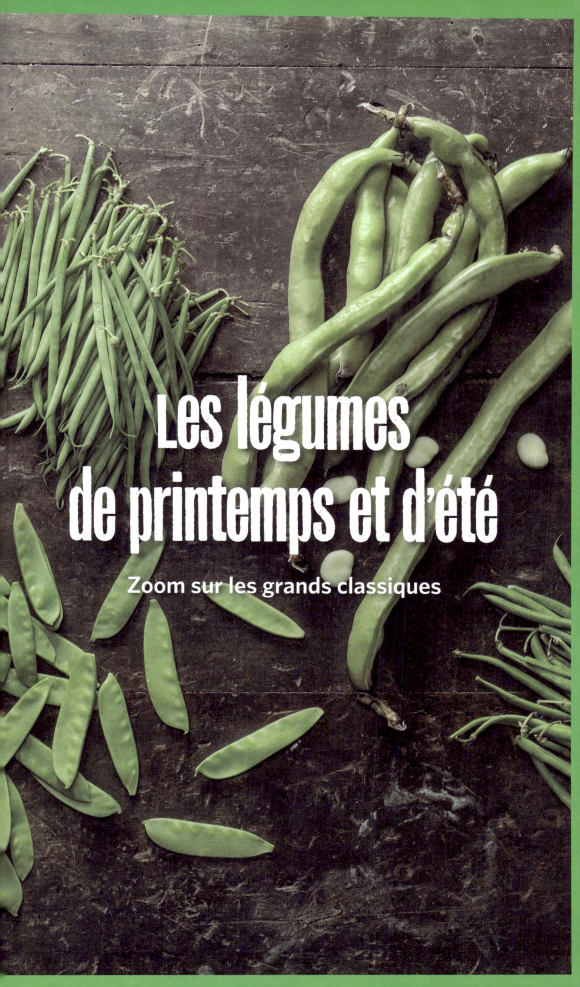

Les légumes de printemps et d'été

Zoom sur les grands classiques

AUBERGINE

L'aubergine, dont le nom latin est *solanum melongena*, est une plante vivace annuelle de la famille des solanacées. Son épaisse tige recouverte de poils et d'épines peut atteindre 80 cm de haut. Elle est habillée de grandes feuilles vert grisâtre et son légume-fruit allongé peut tendre du violet plus ou moins intense jusqu'au blanc.

LES DIFFÉRENTES VARIÉTÉS

La taille, la forme, la couleur et le poids des aubergines varient selon la variété et il en existe de nombreuses.
On peut trouver sur les étals :
- les aubergines longues et demi-longues : violettes, presque noires, ce sont les plus courantes. Elles sont cultivées sous tunnel ou en pleine terre comme la Lucina, la Black Pearl, la Monarca, l'Antares ou la Flavine ;
- les aubergines ovoïdes, comme la Bonica ou la Violette de Florence dont la peau est violette et blanche et le goût légèrement sucré ;
- les aubergines rondes ou longues : la Blanche a une chair ferme avec de gros pépins et un goût légèrement sucré ;
- l'aubergine Graffiti, à la peau striée violet et blanc, a un goût un peu plus relevé et est souvent utilisée pour ses qualités décoratives.

BIEN CHOISIR LES AUBERGINES

Les aubergines sont toujours cueillies avant leur maturité, sans quoi elles deviennent dures et amères. Elles doivent être choisies fermes, avec une peau lisse et brillante présentant une belle couleur sans taches. Les plus grosses et les moins jeunes ont davantage de graines pouvant apporter de l'amertume. Choisissez-les de préférence de petit ou moyen calibre, dotées d'une collerette et d'un pédoncule verts.

LES MODES DE CONSERVATION

L'aubergine se conserve une courte semaine dans le bac à légumes du réfrigérateur.
Il est aussi possible de la congeler coupée en rondelles puis blanchie pour la garder ainsi 8 à 10 mois. De façon plus traditionnelle, ce légume peut être conservé en bocal dans de l'huile d'olive, agrémenté d'ail, d'épices et de basilic.

PRÉPARER LES AUBERGINES

Après les avoir rincées à l'eau claire et essuyées, les aubergines peuvent se préparer de deux façons différentes, pelées ou non. Sachez que la peau des aubergines limite l'absorption des graisses et que leur cuisson au préalable facilite leur épluchage. Elles peuvent ensuite être débitées puis, pour éviter l'oxydation de leur chair, arrosées d'un filet de citron qui permettra de conserver la couleur d'origine.

CUISINER ET MARIER CE LÉGUME

L'aubergine se prête parfaitement aux tians et aux compotées de légumes du soleil. Elle accompagne à merveille le mouton et la volaille. Simplement relevée d'huile d'olive, d'ail et de fines herbes, elle s'associe aussi très savoureusement à un plat de viande rouge ou de poisson.

LES MEILLEURS MOIS POUR LA CONSOMMER

La plantation des aubergines en pleine terre a lieu en mars-avril. La meilleure période pour les consommer correspond aux mois de juin, juillet et août. La France produit environ 25 000 tonnes d'aubergines, 75 % de cette production venant du Sud.

LES VERTUS DE L'AUBERGINE

L'aubergine est riche en fibres, pauvre en calories et présente une forte teneur en minéraux et en vitamines. Elle a l'avantage d'être diurétique et certains de ses composants sont de bons freins contre le cholestérol. Pour profiter davantage de ses bienfaits, sa cuisson ne doit pas être trop grasse.

BROCOLI

Le brocoli, dont le nom latin est *brassica oleracea*, est une plante potagère de la famille des brassicacées. D'origine méditerranéenne, il est souvent comparé à un arbre miniature, de couleur verte, parfois blanche ou violacée, depuis longtemps apprécié en Italie et plus récemment en France. La partie consommée correspond aux jeunes inflorescences, appelées les « pommes ».

LES DIFFÉRENTES VARIÉTÉS

Il existe de nombreuses variétés de brocolis que l'on peut classer en deux types :
- le brocoli à jets, le plus courant avec ses boutons situés au bout des tiges ;
- le brocoli annuel, produisant une grosse pomme, ressemblant le plus au chou-fleur. Le chou romanesco, à la forme sculpturale, est souvent classé parmi les brocolis mais peut aussi être considéré comme une variété de chou-fleur.

BIEN CHOISIR LE BROCOLI

Le brocoli doit être choisi avec une tige ferme et fraîche qui ne doit présenter aucun signe de dessèchement. Ses bouquets doivent être bien serrés. Les fleurs ne doivent pas commencer à s'ouvrir : il serait alors un peu tard pour le consommer et sa saveur pourrait être amère. La couleur est aussi un bon indice : elle doit être uniforme et ne surtout pas tendre vers le jaune.

LES MODES DE CONSERVATION

Le brocoli se conserve bien au réfrigérateur une fois placé dans un récipient hermétique ou enveloppé d'un film plastique conservant sa fraîcheur. Il peut se garder ainsi 4 à 5 jours. Une fois les bouquets blanchis à l'eau bouillante pendant 5 minutes, ce légume supporte très bien la congélation.

PRÉPARER LE BROCOLI

Avant de cuisiner le brocoli, sectionnez les bouquets de la tige principale puis rincez-les bien à l'eau claire. Faites-les cuire 5 minutes à la vapeur, 7 à 10 minutes dans l'eau bouillante ou encore 6 à 8 minutes au four à micro-ondes. Pour faire durer leur couleur, plongez les légumes cuits dans de l'eau glacée pendant quelques minutes. Les tiges peuvent aussi être consommées : une fois pelées et cuites, elles se cuisinent comme les asperges.

CUISINER ET MARIER CE LÉGUME

Le brocoli se consomme le plus souvent cuit. Il se marie très bien avec différents types de fromages tels que le chèvre ou le parmesan. Il accompagne harmonieusement les poissons ainsi que les viandes peu relevées. Il peut être sauté, cuit à l'eau, à la vapeur ou à l'étouffée.

LES MEILLEURS MOIS POUR LE CONSOMMER

On trouve généralement les brocolis frais sur les étals à partir du mois de juin et jusqu'en novembre. Cependant, grâce à l'échelonnement des récoltes des différentes variétés, ce légume reste disponible presque tout au long de l'année.

LES VERTUS DU BROCOLI

Le brocoli est réputé être bon pour la santé. Il est exceptionnellement riche en vitamines et particulièrement en vitamine C. Contenant de la provitamine A, il possède aussi de réelles propriétés antioxydantes. Enfin, notez que ses fibres participent à la bonne régulation du transit intestinal.

COURGETTE

La courgette, dont le nom latin est *cucurbita pepo*, est une plante de la famille des cucurbitacées. Originaire du Mexique, elle ressemble à un grand concombre avec une forme allongée ou ronde, et a une couleur verte ou jaune. Considérée comme un fruit au sens botanique du terme, elle est communément utilisée comme un légume.

LES DIFFÉRENTES VARIÉTÉS

De couleur verte, foncée ou claire, marbrée, longue ou cylindrique, la courgette décline de nombreuses variétés parmi lesquelles on peut noter :
- la Ronde de Nice, idéale pour les courgettes farcies ;
- la Grisette de Provence ;
- la Blanche de Virginie ;
- la Goldrush, jaune à chair très tendre ;
- la Trompette, d'un vert très clair.

BIEN CHOISIR LES COURGETTES

Les courgettes doivent être choisies à la fois lourdes, fermes, sans marques ni taches noires. Les petites courgettes sont à privilégier car les plus grosses contiennent davantage de pépins et sont souvent fibreuses.

LES MODES DE CONSERVATION

Les courgettes ne se conservent pas plus de 4 à 5 jours au réfrigérateur ou dans un endroit frais et sec. La saveur de ce légume réside principalement dans sa fraîcheur. Placez-les par conséquent dans un sachet perforé et lavez-les de préférence juste au moment de les accommoder.
Les courgettes se prêtent bien à la congélation après avoir été coupées en tranches ou en dés, puis blanchies.

PRÉPARER LES COURGETTES

Les courgettes demandent peu de préparation : une fois rincées à l'eau puis séchées, il suffit de retirer les extrémités, puis de les découper. Elles peuvent être râpées ou tranchées en dés, en rubans, en rondelles ou en tronçons. Plus les morceaux seront fins, plus la cuisson sera rapide. À des fins esthétiques, elles sont souvent épluchées en formant des rayures.

CUISINER ET MARIER CE LÉGUME

La courgette jeune et ferme peut être mangée crue, émincée dans une salade à laquelle elle apportera la douceur de sa chair. Cuite, à l'étuvée ou à la vapeur pour conserver tous ses nutriments, elle accompagne de nombreux plats de poisson ou de viande comme le veau et le mouton. Elle peut aussi être servie sous forme de cake, de gratin ou encore seule, simplement agrémentée de béchamel. Les plus grosses courgettes se prêtent très bien aux farces les plus variées. Enfin, elles sont excellentes avec des fromages comme le parmesan, la ricotta, le chèvre ou le comté.

LES MEILLEURS MOIS POUR LA CONSOMMER

Légume d'été, la courgette se consomme de préférence en juin, juillet et août.

LES VERTUS DE LA COURGETTE

La courgette contient une quantité remarquable de minéraux et d'oligoéléments. En partie grâce au potassium, c'est un vrai bouclier pour le système cardiovasculaire. Elle est aussi très riche en vitamines C et B3 ainsi qu'en provitamine A et représente une excellente source de fibres tant en quantité qu'en qualité.

ÉPINARD

L'épinard, dont le nom latin est *spinacia oleracea*, est un légume-feuille de la famille des chénopodiacées qui apprécie les terrains frais et les climats tempérés. Originaire de Perse, il est aujourd'hui cultivé dans toutes les régions tempérées pour ses qualités nutritionnelles.

LES DIFFÉRENTES VARIÉTÉS

Trois variétés d'épinards sont principalement cultivées :
- le Géant d'Hiver, une variété rustique et très productive donnant de larges feuilles ;
- le Monstrueux de Viroflay, une variété traditionnelle à grandes feuilles vertes ;
- le Viking, une variété vigoureuse à larges feuilles charnues, vert foncé.

BIEN CHOISIR LES ÉPINARDS

Les feuilles d'épinards doivent être vert foncé, lisses et craquantes. Elles sont généralement humides et terreuses mais pas mouillées. Les petites feuilles sont plus sucrées et les grandes plus charnues. Il est préférable d'éviter les épinards aux feuilles fanées, abîmées, tachées de noir ou de jaune.

LES MODES DE CONSERVATION

Les épinards se conservent 2 jours au plus dans le bac à légumes du réfrigérateur. Ils perdent rapidement leurs vitamines une fois cueillis, c'est pourquoi il est recommandé de les cuisiner dans la journée suivant leur achat. Ne les lavez pas une fois achetés mais juste avant la cuisson ou la préparation, sans quoi ils faneraient prématurément. À l'inverse, les feuilles se conservent très bien au congélateur après avoir étés blanchies quelques minutes, puis essorées.

PRÉPARER LES ÉPINARDS

Après avoir trié et retiré les feuilles abîmées, lavez les épinards, sans les laisser tremper, juste avant leur cuisson ou leur assaisonnement. Une fois les feuilles essorées, retirez les côtes en tirant délicatement sur la nervure centrale. Cette préparation est inutile pour les jeunes pousses.

CUISINER ET MARIER CE LÉGUME

Les épinards, et en particulier les jeunes pousses, se mangent crus en salade ou éventuellement dans un sandwich.
Ils se marient très bien avec les pommes, le parmesan, la mozzarella ou les suprêmes d'orange. Concernant la cuisson, il est préférable de les cuire à l'étuvée ou à la vapeur afin de conserver toutes leurs qualités nutritionnelles. Délicieux nature, les épinards font également une très bonne garniture pour les viandes (veau et volailles) et pour les poissons (saumon et cabillaud).
Enfin, ils peuvent garnir des tartes, seuls ou accompagnés de fromage frais.

LES MEILLEURS MOIS POUR LE CONSOMMER

La meilleure période pour consommer l'épinard commence au mois de novembre et se termine en mai.

LES VERTUS DE L'ÉPINARD

L'épinard est réputé pour sa teneur élevée en fibres, en minéraux et en vitamines (A, P, B9 et C). Il a, à tort, la réputation de contenir beaucoup de fer : s'il recèle effectivement du fer, celui-ci n'est assimilé que s'il est accompagné de fer d'origine animale.

HARICOT

Le haricot vert, dont le nom latin est *phaseolus vulgaris*, est une légumineuse d'origine tropicale appartenant à la famille des fabacées. Cueillies avant leur maturité, les gousses mesurent entre 8 et 20 cm de long, selon les variétés et l'âge du haricot. Elles sont généralement vertes, mais peuvent aussi être jaunes, violettes ou encore striées de rouge.

LES DIFFÉRENTES VARIÉTÉS

Plus de 200 variétés de haricots peuvent être dénombrées mais il est possible d'en distinguer plusieurs types :
- les haricots filets, très longs et fins ;
- les haricots mange-tout, plus gros et plus charnus ;
- les haricots nains ;
- les haricots à rames, ou grimpants, parmi lesquels on compte les haricots beurre.

Il est aussi possible de trouver des variétés hybrides, entre haricots filets et haricots mange-tout.

BIEN CHOISIR LES HARICOTS VERTS

Les haricots verts doivent être choisis longs, fins et fermes. Pour vérifier leur fraîcheur, cassez la gousse qui, d'un bruit sec, doit se casser net et laisser apparaître une petite goutte d'eau. Plus les haricots sont gros, plus ils risquent d'être filandreux.

LES MODES DE CONSERVATION

Les haricots verts se conservent 2 à 3 jours dans le bac à légumes du réfrigérateur. Une fois équeutés, lavés puis égouttés, ils se congèlent aussi facilement ; il est inutile de les faire blanchir au préalable.

PRÉPARER LES HARICOTS VERTS

Il faut dans un premier temps effiler délicatement les haricots verts pour retirer leurs fils et ensuite couper chaque extrémité. Lavés puis égouttés, ils seront prêts pour la cuisson.

CUISINER ET MARIER CE LÉGUME

L'amidon que contient le haricot cru le rend indigeste, c'est pourquoi il ne se mange qu'une fois cuit. À la vapeur ou dans de l'eau bouillante salée, faites cuire les haricots verts 4 à 5 minutes au maximum pour les déguster al dente. Froids, ils peuvent être préparés en salade avec des poivrons, des anchois, des olives, du magret de canard fumé, des gésiers ou des foies de volaille. Chauds, relevés d'ail et de persil, ils accompagnent délicieusement les viandes et les poissons.

LES MEILLEURS MOIS POUR LE CONSOMMER

La principale saison pour consommer les haricots verts correspond aux mois de juin, juillet et août.

LES VERTUS DU HARICOT VERT

Le haricot vert est une source significative de protéines végétales, de vitamine C et de provitamine A, aux vertus antioxydantes. Il apporte une quantité importante d'acide folique, indispensable à la croissance et aux femmes enceintes. La cuisson à la vapeur ou dans un volume d'eau modéré permet de conserver ses précieux minéraux et oligoéléments.

PETITS POIS

Le petit pois, dont le nom latin est *pisum sativum*, est un légume consommé pour ses graines encore immatures (portant le même nom) mais parfois aussi pour ses cosses. Cette plante annuelle buissonnante appartient à la famille des fabacées. Provenant d'Asie centrale, elle est cultivée dans le bassin méditerranéen depuis l'Antiquité.

LES DIFFÉRENTES VARIÉTÉS

Deux grandes catégories de petits pois à écosser peuvent être distinguées :
- les pois à grains ronds ;
- les pois à grains ridés (moins recherchés).
Les pois cassés sont issus d'une variété de petit pois rond et gros. Une fois récoltés à maturité, ils sont mis à sécher.

BIEN CHOISIR LES PETITS POIS

La cosse doit être lisse, verte et brillante ; les pois à l'intérieur de petite taille et brillants également. Au goût, leur saveur doit être légèrement sucrée et leur consistance non farineuse. Évitez les cosses de couleur jaunâtre, présentant des taches ou molles.

LES MODES DE CONSERVATION

Les petits pois non écossés se conservent 2 à 3 jours au réfrigérateur. Une fois blanchis 30 secondes puis rapidement refroidis, ils se congèlent très bien et se gardent 3 mois. Pour les faire sécher après les avoir écossés, entreposez-les dans un endroit sec et à l'abri de la lumière. Déshydratés, ils se fendent et se font appeler « pois cassés ».
Pour réaliser des conserves, faites-les blanchir 30 secondes, puis plongez-les immédiatement dans l'eau glacée. Placez-les dans un bocal, recouvrez de saumure puis stérilisez le récipient pendant 2 heures.

PRÉPARER ET ÉCOSSER LES PETITS POIS

Pour préparer ce légume, il faut écarter la cosse sur la longueur, le long du filament central, puis détacher les pois. Petits et frais, ils peuvent se manger crus et révèlent alors un léger goût sucré. Il est possible de raviver leur couleur en les blanchissant 30 secondes dans de l'eau bouillante salée, puis en arrêtant rapidement cette cuisson en les plongeant dans l'eau froide.

CUISINER ET MARIER CE LÉGUME

Les petits pois mélangés à des oignons et des carottes se marient à merveille avec la viande d'agneau. Ils s'associent aussi harmonieusement avec les asperges, les fèves et les artichauts poivrades. De façon plus classique, ils sont souvent intégrés aux jardinières de légumes avec des navets, des carottes, des oignons et éventuellement du céleri branche. Ils se préparent aussi bien en soupe, en salade, en mousse et plus originalement en un hoummous vert et printanier.

LES MEILLEURS MOIS POUR LES CONSOMMER

Les petits pois frais sont vendus d'avril à juillet, les meilleurs mois pour les consommer étant mai et juin.

LES VERTUS DU PETIT POIS

Le petit pois est très riche en fibres, indispensables au bon fonctionnement du transit intestinal. Il fournit aussi du fer et deux vitamines : la vitamine C, pour les défenses immunitaires et contre les oxydations, et la vitamine B9 pour le renouvellement des cellules. Le fer qu'il contient est très favorable à la force des muscles et aux globules rouges.

POIVRON

Le poivron, dont le nom latin est *capsicum annuum*, est une plante annuelle de la famille des solanacées, originaire d'Amérique centrale. Le terme « poivron » désigne à la fois le fruit et la plante. Tous les fruits naissent verts et les variétés se révèlent avec des couleurs différentes en fonction de leur mûrissement, certaines ne quittant jamais leur habit vert.

LES DIFFÉRENTES VARIÉTÉS

La famille des poivrons est grande. C'est une espèce très polymorphe et les variétés cultivées sont innombrables. Des gros poivrons doux et sucrés aux petits piments très brûlants, il est possible de distinguer :
- le poivron carré, venant de Hollande, qui est de forme cubique avec une chair épaisse et croquante ;
- le poivron rectangulaire, produit surtout en France, qui est long, large et presque plat ;
- le poivron triangulaire, moins courant, pouvant être doux ou piquant et dont la couleur varie du jaune pâle au rouge.
La couleur du poivron et son goût sont liés : le poivron rouge est doux, le jaune est juteux et tendre, le vert est fruité mais plus amer.

BIEN CHOISIR LE POIVRON

Le poivron se choisit ferme, lisse, doté d'une peau brillante et tendue. Il est inutile de se fier à sa couleur, qui dépend principalement de la maturité ou de l'espèce mais qui n'est pas un signe de fraîcheur.

LES MODES DE CONSERVATION

Le poivron se garde 1 semaine dans le bac à légumes du réfrigérateur. À température ambiante, il a tendance à se dessécher et à se ramollir vite. Grillé puis pelé, il peut aussi être conservé dans de l'huile aillée pendant plusieurs mois.

PRÉPARER LE POIVRON

Après l'avoir rincé à l'eau claire, coupez le poivron en deux dans sa longueur puis ôtez ses graines et ses membranes blanches, difficiles à digérer tout comme sa peau. Pour peler facilement le poivron, faites-le griller au four jusqu'à ce que sa peau soit noire. Elle se décollera toute seule une fois le poivron refroidi et placé dans un linge humide. Certaines variétés à la peau épaisse peuvent se peler crues, à l'aide d'un économe.

CUISINER ET MARIER CE LÉGUME

Cru, le poivron détaillé en dés ou en lanières se mélange savoureusement aux salades estivales. Cuit, il garnit à merveille les gratins, les omelettes ou les pizzas. Sa forme et sa saveur sont également idéales pour le déguster farci. Le jambon, le thon, le poulet, le riz et les oignons se marient très bien avec lui. Sucré, en aigre-doux, le poivron coupé très finement peut être ajouté en fin de cuisson à un chutney aux raisins.

LES MEILLEURS MOIS POUR LE CONSOMMER

Le poivron se récolte du mois de juin au mois de septembre, l'été étant la meilleure saison pour le savourer.

LES VERTUS DU POIVRON

Le poivron est remarquablement bien pourvu en fibres, en vitamine C, en provitamine A et en vitamine P. Il s'avère très efficace pour la stimulation du transit intestinal, l'élimination, la prévention du vieillissement prématuré des cellules et la protection des petits vaisseaux sanguins.

Niveau FACILE

Préparation : 30 min **Cuisson :** 15 min
Repos : 30 min

FEUILLETÉS AU PESTO
ET TOMATES SÉCHÉES

Pour 14 roulés
1 pâte feuilletée maison (voir recette p. 10) ou du commerce
2 gousses d'ail
15 g de basilic
1 grosse cuil. à soupe de pignons de pin
15 g de parmesan râpé
3 cuil. à soupe d'huile d'olive
6 pétales de tomates séchées à l'huile
1 poignée de comté râpé

MATÉRIEL
Mixeur
Plaque à pâtisserie
Film alimentaire

1

Préparez le pesto : pelez les gousses d'ail et écrasez-les. Dans le bol du mixeur, mixez le basilic et les pignons de pin. Ajoutez les gousses d'ail. Mixez rapidement. Transvasez le mélange obtenu dans un bol puis ajoutez le parmesan et l'huile d'olive. Mélangez bien.

2

Étalez la pâte feuilletée en un rectangle de 30 x 20 cm. Émincez les tomates séchées. Tartinez la pâte de pesto, parsemez de comté râpé et de tomates séchées. Roulez la pâte en serrant bien. Emballez-la dans du film alimentaire et placez au frais 30 min.

3

Préchauffez le four à 180 °C (th. 6). À l'aide d'un couteau bien aiguisé, coupez des petits tronçons de pâte de 1 cm d'épaisseur, placez-les sur la plaque et enfournez pour 15 min de cuisson.

4

Sortez les roulés du four et servez-les aussitôt.

Préparation : 20 min

VERRINES ONCTUEUSES
AVOCAT ET BETTERAVE ROUGE

Pour 10 verrines
2 avocats
1 petit oignon frais
4 brins de coriandre
1 cuil. à soupe d'huile d'olive
1 cuil. à soupe de jus de citron vert
250 g de betterave cuite
2 cuil. à soupe de crème de soja
1 cuil. à soupe de ciboulette
Sel et poivre

MATÉRIEL
Mixeur
Verrines

1
Disposez dans le bol du mixeur la chair des avocats, l'oignon et la coriandre.

2
Mixez une première fois puis ajoutez l'huile d'olive et le jus de citron. Salez, poivrez. Mixez à nouveau. Disposez dans des verrines et mettez au frais.

3
Dans le mixeur placez la betterave, la crème de soja et la ciboulette. Mixez le tout jusqu'à l'obtention d'une préparation lisse. Dans les verrines, disposez une couche de betteraves au-dessus de la couche d'avocat. Conservez au frais jusqu'au moment de servir.

Préparation : 25 min **Cuisson :** 45 min

BROWNIES
À LA CAROTTE

Pour 6 personnes
500 g de carottes
3 œufs
1 cuil. à soupe de sirop d'agave
100 g de margarine
25 g d'huile d'olive
150 g de farine
50 g de flocons d'avoine
1 cuil. à café de levure chimique
1 oignon
3 feuilles de basilic
Sel et poivre

1

Épluchez et émincez les carottes et faites-les cuire à la vapeur pendant 20 min.

2

Réduisez-les en purée, et ajoutez les œufs, le sirop d'agave, la margarine fondue et l'huile d'olive. Mélangez bien, puis ajoutez la farine, les flocons d'avoine et la levure. Mélangez jusqu'à obtenir une pâte sans grumeaux.

3

Ajoutez l'oignon épluché et émincé, ainsi que le basilic émincé. Salez et poivrez.
Mélangez jusqu'à obtenir un mélange homogène.

4

Préchauffez le four à 180 °C (th. 6). Répartissez la pâte dans un moule carré et enfournez pour 45 min.
Démoulez et servez frais.

Préparation : 15 min   **Cuisson :** 8-10 min

ŒUFS COCOTTE
AUX POIVRONS GRILLÉS ET TOMATES SÉCHÉES

Pour 4 œufs cocotte
4 œufs frais
1 échalote
1 poivron grillé à l'huile d'olive en conserve
4 lamelles de tomates séchées en conserve
6 cuil. à soupe de crème liquide ou épaisse entière
Basilic frais

MATÉRIEL
4 mini-cocottes ou ramequins

1

Préchauffez le four à 180 °C (th. 6). Épluchez et émincez l'échalote ; émincez le poivron grillé ainsi que les lamelles de tomates séchées.

2

Répartissez les légumes dans les ramequins. Dans chacun, ajoutez 2 cuil. à soupe de crème, puis cassez 1 œuf. Enfournez pour 8 à 10 min de cuisson.

3

Au moment de servir, saupoudrez de basilic émincé.

CONSEIL
Utilisez des légumes frais lors de la saison des poivrons et des tomates.

Préparation : 15 min   **Cuisson :** 5 min

CROQUES CHÈVRE
ET COURGETTES

Pour 4 croques
8 tranches de pain de mie
30 g de beurre
4 cuil. à soupe de moutarde
1 bûche de chèvre
1 courgette

MATÉRIEL
Plaque à pâtisserie

1

Préchauffez le four en position gril. Tartinez 4 tranches de pain de beurre et les 4 autres tranches de moutarde.

2

Tranchez la courgette et la bûche de chèvres en fines rondelles. Répartissez les courgettes et le chèvre sur le pain beurré et refermez les croques.

3

Disposez sur la plaque et enfournez pour 5 min.

CONSEIL
Utilisez des légumes frais lors de la saison des poivrons et des tomates.

Préparation : 20 min   **Cuisson :** 1 h 10 min

TORTILLAS
AUX LÉGUMES

Pour 3 personnes
6 tortillas (voir p. 16)
2 cuil. à soupe d'huile d'olive
1 oignon
1 poivron jaune
1 belle courgette
1 boîte de coulis de tomates
½ cube de bouillon de légumes
½ verre d'eau
½ cuil. à café de paprika en poudre
½ cuil. à café de ras-el-hanout
4 pincées de cumin en poudre
2 pincées de muscade
1 bouquet garni
Fromage râpé

1
Épluchez et émincez l'oignon. Épluchez tous les légumes et coupez-les en dés.

2
Dans une poêle, faites chauffer l'huile, puis ajoutez l'oignon, la courgette et le poivron.
Faites bien revenir 10 min.

3
Ajoutez le coulis de tomates, le bouillon, l'eau, le bouquet garni et les épices.
Couvrez et laissez mijoter à feu moyen 1 h.

4
Quand la sauce est bien réduite, vous n'avez plus qu'à garnir vos tortillas.
Saupoudrez de fromage et dégustez.

CONSEIL
Servez ces tortillas avec une salade de crudités.

Préparation : 20 min   **Repos :** 15 min
Cuisson : 6 min

Pour 8 naans
350 g de farine
1 sachet de levure chimique
2 cuil. à soupe de graines de sésame
1 yaourt
1 oignon
1 pomme
½ maroilles
4 cuil. à soupe d'huile d'olive

1

Dans un saladier, mélangez la farine, la levure, les graines de sésame, le yaourt, 1 cuil. à soupe d'huile en versant un filet d'eau. Laissez reposer 15 min.

2

Pendant ce temps, pelez et émincez l'oignon. Pelez et coupez la pomme en dés. Tranchez le maroilles. Dans une poêle, faites chauffer 1 cuil. à soupe d'huile, faites revenir l'oignon et la pomme. Laissez cuire 5 min à feu moyen.

3

Divisez la pâte en 8 boules égales, aplatissez-les et disposez sur chacune d'elles 1 cuil. à soupe de mélange oignon-pomme, puis 1 morceau de maroilles. Refermez la pâte comme pour faire un chausson.

4

Dans une autre poêle, faites chauffer 2 cuil. à soupe d'huile et faites revenir les naans 3 min sur chaque face en les surveillant bien.

5

Dégustez chaud avec une salade.

Niveau FACILE

Préparation : 30 min **Repos :** 30 min
Cuisson : 30 min

CHAUSSONS DE LÉGUMES
À LA FETA

Pour 8 chaussons
100 g de farine blanche (+ un peu pour étaler la pâte)
150 g de farine de seigle (ou de sarrasin)
3 pincées de sel
100 g de beurre (à température ambiante)
1 courgette
1 aubergine
1 oignon
2 cuil. à café de pesto
100 g de feta
1 cuil. à soupe d'huile d'olive

MATÉRIEL
Plaque à pâtisserie
Emporte-pièce rond

1

Dans un saladier, mélangez les farines avec le sel. Incorporez du bout des doigts le beurre, puis versez petit à petit de l'eau froide jusqu'à former une belle boule de pâte qui ne colle plus aux mains. Réservez 30 min au frais.

2

Pendant ce temps, épluchez la courgette, l'aubergine et l'oignon. Coupez-les en dés. Faites-les revenir dans l'huile chaude pendant 10 à 15 min (ajoutez un peu d'eau si nécessaire). Une fois que les légumes sont bien cuits, ajoutez le pesto et mélangez bien. Laissez refroidir.

3

Préchauffez le four à 180 °C (th. 6). Sortez la pâte et étalez-la sur un plan de travail fariné. À l'aide d'un emporte-pièce, coupez 16 disques de pâte, disposez la garniture sur 8 d'entre eux puis émiettez la feta dessus.

4

Fermez les chaussons : placez un disque de pâte sur chaque morceau garni et soudez les bords avec un peu d'eau. Disposez les chaussons sur la plaque et enfournez pour 30 min. Servez bien chaud avec une salade.

Niveau FACILE

Préparation : 10 min   **Cuisson :** 20 à 25 min

MUFFINS AU ROQUEFORT

Pour 4 personnes
125 g de farine
½ sachet de levure chimique
4 œufs
20 cl de lait
15 cl d'huile d'olive
120 g de roquefort
50 g de noix

MATÉRIEL
Plaque en silicone de moules à muffins
(ou, à défaut, moules à muffins beurrés)

1

Préchauffez le four à 180 °C (th. 6).

2

Mélangez la farine et la levure. Ajoutez les œufs un à un, en mélangeant bien. Versez le lait et l'huile et mélangez jusqu'à l'obtention d'une belle pâte lisse et homogène. Émiettez le roquefort et coupez les noix en petits morceaux. Ajoutez-les à la préparation.

3

Versez la pâte dans les moules. Enfournez pour 20 à 25 min de cuisson.
Les muffins doivent être bien gonflés et dorés.

4

Servez-les tièdes ou froids.

Préparation : 25 min **Cuisson :** 4 min

SAMOUSSA ÉPINARD
ET CRESSON

Pour 4 personnes
8 feuilles de brick
8 poignées de pousses d'épinards frais
4 poignées de feuilles de cresson
100 g de tofu aux herbes
1 cuil. à soupe de purée de noix de cajou
½ avocat
Huile d'olive
1 pincée de sel

1

Lavez les épinards et les feuilles de cresson, égouttez-les bien avant de les déposer dans le bol d'un mixeur.

2

Coupez le tofu aux herbes en morceaux et ajoutez-les dans le mixeur. Mettez également la purée de noix de cajou, l'avocat éoluché et le sel. Mixez la préparation. La farce des samoussas est prête.

3

Pliez 1 feuille de brick en deux, côté rond vers vous, et déposez un peu de farce tout à droite. Rabattez le bas de la feuille par-dessus. Rabattez la partie droite de la feuille pour former un début de triangle. Rabattez encore une fois vers la gauche pour former un triangle. Rabattez une dernière fois vers la gauche, vous obtenez un triangle. Glissez le morceau de feuille qui dépasse dans le samoussa et il est prêt à être cuit.

4

Faites de même avec les autres feuilles de brick.

5

Dans une poêle, faites chauffer 1 filet d'huile d'olive à feu moyen et faites cuire les samoussas 2 min de chaque côté. Servez aussitôt.

ASTUCE
À tenter aussi avec des feuilles de blettes.

Préparation : 15 min   **Cuisson :** 8 à 10 min

SALADE DE CHOU KALE
À LA GRENADE

Pour 4 personnes
8 feuilles de chou kale
1 grenade
Le jus de 1 orange
4 cuil. à soupe d'huile de lin
2 betteraves crues
1 cuil. à soupe de graines de sésame
1 pincée de sel

1

Lavez les feuilles de chou kale, ôtez la nervure centrale. Hachez-les grossièrement et mettez-les dans un saladier.

2

Ajoutez le sel et l'huile de lin dans le jus d'orange. Versez sur les feuilles de chou kale et malaxez-les, pour les attendrir. Réservez.

3

Épluchez les betteraves, râpez-les et ajoutez-les dans le saladier.

4

Récupérez les graines de la grenade en la pressant avec une main et ajoutez-les dans le saladier.

5

Saupoudrez de graines de sésame et servez aussitôt.

ASTUCE
Pas de chou kale à disposition ? Utilisez des pousses d'épinards frais.

Préparation : 15 min

RÂPÉ DE POTIMARRON
ET CAROTTE

Pour 4 personnes
200 g de potimarron
200 g de carottes
1 gousse d'ail
8 brins de persil plat
2 cuil. à soupe de vinaigre balsamique
1 cuil. à café de moutarde
2 cuil. à soupe d'huile de colza
2 cuil. à soupe d'huile d'olive
3 poignées de graines de courge
1 pincée de sel

1
Épluchez le potimarron et les carottes, râpez-les.

2
Épluchez la gousse d'ail et effeuillez le persil. Pressez l'ail et hachez le persil. Réservez.

3
Dans un bol, préparez une vinaigrette. Versez le vinaigre, ajoutez le sel, puis la moutarde. Délayez avec les huiles et enfin ajoutez 1 cuil. à soupe d'eau pour alléger la vinaigrette. Ajoutez le persil et l'ail et mélangez.

4
Disposez le mélange potimarron-carottes dans le plat de service et versez un peu de vinaigrette par-dessus. C'est prêt !

ASTUCE
Beaucoup de courges peuvent se déguster crues, essayez avec une courge butternut ou une courge musquée.

Préparation : 15 min

TABOULÉ DE BROCOLI

Pour 4 personnes
1 tête de brocoli
Le jus de 1 citron
1 petit oignon frais
1 gousse d'ail
Quelques feuilles de menthe fraîche
1 poignée d'amandes émondées
3 cuil. à soupe d'huile d'olive
Sel et poivre

1
Coupez la tête de brocoli en bouquets et lavez-les.

2
À l'aide d'un couteau aiguisé, prélevez les boutons floraux des bouquets (les petites graines vertes). Vous pourrez faire une purée ou une quiche avec les restes de brocoli.

3
Faites mariner les boutons floraux du brocoli dans le jus de citron.

4
Pendant ce temps, épluchez l'oignon et la gousse d'ail. Hachez-les, ainsi que les feuilles de menthe. Mélangez-les et ajoutez-les sur le brocoli.

5
Pilez grossièrement les amandes et ajoutez-les.

6
Versez l'huile d'olive par-dessus, salez, poivrez et mélangez une dernière fois avant de servir.

Préparation : 30 min   **Cuisson :** 5 min

ROULEAU PRINTANIER

Pour 4 personnes
2 carottes
150 g de vermicelle de riz
4 feuilles de riz
4 brins de coriandre
100 g de germes de soja
3 cuil. à soupe de tamari
2 cuil. à soupe de sirop d'agave
1 gousse d'ail
1 cuil. à soupe de vinaigre blanc

1

Lavez, épluchez et râpez les carottes. Réservez.

2

Faites cuire le vermicelle de riz comme indiqué sur le paquet et passez-le sous l'eau froide.

3

Humidifiez 1 feuille de riz, déposez au centre des feuilles de coriandre puis 1 petite poignée de carottes râpées, 1 poignée de vermicelle de riz et enfin 1 petite poignée de germes de soja. Roulez en serrant bien la feuille de riz et en rabattant sur les côtés.

4

Faites de même avec les autres feuilles.

5

Préparez la sauce. Mélangez le tamari, le sirop d'agave, la gousse d'ail émincée, 1 pincée de carottes râpées, le vinaigre blanc et 2 cuil. à soupe d'eau.

6

Trempez les rouleaux de printemps dans cette sauce et dégustez !

Préparation : 20 min   **Cuisson :** 3 min

MAKI DE CHOU VERT

Pour 4 personnes
4 feuilles de chou vert frisé
250 g de riz à sushi cuit et vinaigré
4 cuil. à soupe de graines de sésame
4 cuil. à soupe de graines germées de radis
1 cuil. à café de zeste de citron
½ concombre
Sauce soja salée

1

Faites blanchir les feuilles de chou vert frisé 3 min dans l'eau bouillante. Égouttez et laissez refroidir. Coupez les feuilles en deux et ôtez les nervures centrales, trop coriaces.

2

Étalez le riz sur les feuilles de chou, saupoudrez de graines de sésame.

3

Ajoutez au centre une ligne de zeste de citron, puis tracez une ligne avec les graines germées de radis.

4

Épluchez le demi-concombre, coupez-le en tranches de 0,5 cm d'épaisseur et placez-en une au centre, sur les graines germées.

5

Roulez les makis bien serrés et coupez-les en morceaux de la taille d'une bouchée.

6

Servez avec la sauce soja salée.

Préparation : 15 min   **Cuisson :** 5 à 8 min
Pour 2 personnes

SALADE DE CHÈVRE
CHAUD AU MIEL

Pour les tartines
½ baguette
½ bûche de chèvre
2 cuil. à café de crème liquide
1 cuil. à café de miel

Pour la salade
1 batavia
1 tomate
1 oignon frais
4 figues fraîches
2 cuil. à soupe de haricots rouges en boîte
Persil, ciboulette
2 cuil à café de gomasio

Pour la vinaigrette
1 cuil. à café de moutarde forte
3 cuil. à soupe d'huile d'olive
1 cuil. à soupe de vinaigre balsamique

1

Préchauffez le four à 180 °C (th. 6). Coupez le pain dans la longueur. Tranchez le chèvre en lamelles. Sur les 2 morceaux de pain, répartissez les lamelles de chèvre, la crème et le miel. Enfournez pour 5 à 8 min.

2

Pendant ce temps, préparez la salade : lavez la batavia ; lavez la tomate et coupez-la en rondelles. Pelez et émincez l'oignon ; coupez les figues en quatre. Dans 2 assiettes de service, disposez la salade, la tomate, l'oignon, les haricots rouges et les figues. Émincez les herbes.

3

Dans un bol, préparez la vinaigrette : à l'aide d'un petit fouet, mélangez la moutarde en versant l'huile puis le vinaigre.

4

Arrosez la salade de la vinaigrette, saupoudrez d'herbes et de gomasio. Disposez le pain et servez aussitôt.

Préparation : 10 min   **Cuisson :** 20 min

BRUSCHETTA
AUX GRAINES GERMÉES

Pour 4 personnes
4 tranches de pain au levain
4 cuil. à soupe de graines germées de radis
2 tomates
1 bouquet de basilic
1 gousse d'ail
4 cl d'huile d'olive
30 g de pignons de pin
2 pincées de sel

1

Lavez les tomates, ôtez le pédoncule et coupez-les en petits dés. Mettez-les dans un bol.
Ajoutez 1 pincée de sel, mélangez et réservez.

2

Rincez le basilic, effeuillez-le et mettez les feuilles dans le bol d'un mixeur.
Épluchez la gousse d'ail, dégermez-la et ajoutez-la dans le basilic.

3

Incorporez l'huile d'olive, 1 pincée de sel et les pignons de pin. Mixez finement et réservez.

4

Faites griller les tranches de pain, répartissez dessus la préparation au basilic, puis disposez les dés de tomates et enfin les graines germées de radis avant de déguster aussitôt.

ASTUCE
Essayez avec des graines germées de lentilles ou encore de tournesol.

Préparation : 15 min   **Cuisson :** 15 min

SALADE DE QUINOA
AUX ASPERGES

Pour 4 personnes
150 g de quinoa rouge
1 botte d'asperges vertes
1 avocat
12 radis roses
2 poignées de pois chiches cuits
1 cuil. à soupe de vinaigre de cidre
1 cuil. à soupe de moutarde à l'ancienne
2 gousses d'ail
5 brins de persil
3 cuil. à soupe d'huile de noix
1 pincée de sel

1

Rincez le quinoa et faites-le cuire à feu doux dans 2 fois son volume d'eau. Réservez.

2

Lavez les asperges et faites-les cuire 15 min à la vapeur.

3

Épluchez l'avocat, ôtez le noyau et coupez la chair en dés. Réservez.

4

Lavez les radis, supprimez les feuilles et coupez-les en rondelles.

5

Préparez la vinaigrette. Dans un saladier, mettez le sel et le vinaigre de cidre, mélangez. Ajoutez la moutarde à l'ancienne ainsi que l'huile de noix. Mélangez. Ajoutez les gousses d'ail pressées et les feuilles de persil hachées.

6

Versez dans le saladier le quinoa rouge, l'avocat, les pois chiches, les radis roses et mélangez. Coupez les pointes d'asperges et disposez-les sur la salade avant de servir.

Préparation : 30 min **Cuisson :** 5 min

NEMS VÉGÉTAUX

Pour 4 personnes

20 galettes de riz moyennes
50 g de champignons noirs déshydratés
50 g de vermicelle de riz
100 g de champignons de Paris
½ courgette
1 échalote
1 oignon
1 carotte
½ bouquet de coriandre
2 gousses d'ail

100 g de pousses de soja
6 cuil. à soupe de nuoc-mâm
3 cuil. à soupe de jus de citron
½ cuil. à café de purée de piment
Feuilles de laitue
Menthe fraîche
Huile de sésame
Huile pour friture
Sel et poivre

1

Faites tremper les champignons noirs et le vermicelle de riz dans deux bols différents.

2

Pendant ce temps, passez sous l'eau les champignons de Paris, coupez le morceau terreux du pied puis hachez-les grossièrement au couteau. Épluchez la courgette, coupez-la en dés. Épluchez l'échalote et l'oignon et hachez-les.

3

Dans un wok, faites chauffer 1 filet d'huile de sésame et déposez les champignons de Paris, la courgette, l'échalote et l'oignon. Faites bien suer puis égouttez. Mélangez à cette préparation les champignons noirs et le vermicelle égouttés et coupés en morceaux, la carotte épluchée et râpée, les feuilles de coriandre hachées, les gousses d'ail épluchées, dégermées et pressées et les pousses de soja hachées. Assaisonnez et mélangez à la main.

4

Mouillez les galettes de riz et déposez-les sur un torchon humidifié. Déposez l'équivalent de 1 cuil. à soupe de farce en bas de la feuille et roulez en rabattant les côtés pour former un cylindre bien fermé.

5

Dans le wok, faites chauffer l'huile de friture. Plongez-y les nems, des petites bulles doivent se former autour. Évitez qu'ils ne se touchent en début de cuisson car ils sont encore collants. Ils sont prêts quand ils sont dorés.

6

Préparez la sauce d'accompagnement avec le nuoc-mâm, le jus de citron et la purée de piment et servez avec des feuilles de laitue et de la menthe fraîche.

Préparation : 15 min   **Cuisson :** 40 min
Conservation : 1 semaine au réfrigérateur

PÂTÉ VÉGÉTAL
AUX OLIVES

Pour 4 personnes
75 g d'olives noires dénoyautées
150 g de champignons de Paris
2 oignons
100 g de margarine végétale non hydrogénée
180 g de haricots azukis cuits
30 g de purée d'amandes blanches
2 gousses d'ail
1 cuil. à café de sel

1
Passez les champignons rapidement sous l'eau, coupez le morceau terreux du pied puis découpez-les en lamelles. Réservez.

2
Épluchez les oignons, hachez-les grossièrement. Réservez.

3
Dans une poêle, faites fondre la margarine. Ajoutez les champignons et les oignons, laissez cuire à feu doux.

4
Préchauffez le four 180 °C (th. 9).

5
Une fois les oignons et les champignons cuits, déposez-les dans le bol d'un mixeur. Ajoutez les haricots azukis, la purée d'amandes blanches, les gousses d'ail épluchées et dégermées. Salez et mixez le tout.

6
Hachez grossièrement les olives et mélangez-les à la préparation.

7
Tapissez un moule à cake de taille moyenne d'une feuille de papier sulfurisé. Versez la préparation et enfournez pour 40 min de cuisson. Démoulez et laissez refroidir avant dégustation.

CAKE AUX TOMATES
CONFITES

Préparation : 15 min **Cuisson :** 45 min

Pour 8 personnes
80 g de tomates séchées
170 g de farine de blé T65
70 g d'arrow-root
10 g de poudre à lever
150 g de tofu soyeux
10 cl de lait de coco
150 g de courgette
5 cl d'huile d'olive
1 cuil. à café de sel
Poivre noir

1
Préchauffez le four à 180 °C (th. 6).

2
Dans un saladier, mélangez la farine de blé, l'arrow-root, la poudre à lever et le sel. Ajoutez quelques tours de poivre noir. Réservez.

3
Mélangez le tofu soyeux avec le lait de coco et l'huile d'olive, ajoutez 4 cl d'eau. Versez sur la préparation précédente et mélangez au fouet pour obtenir une pâte homogène.

4
Lavez la courgette en conservant la peau et coupez-la en dés. Coupez les tomates séchées en petits morceaux et ajoutez les dés de courgette et de tomates séchées à la pâte. Mélangez.

5
Huilez et farinez un moule à cake, versez la préparation dedans et enfournez pour 45 min de cuisson.

ASTUCE
Remplacez les tomates confites par des poivrons grillés.

Niveau FACILE

Préparation : 20 min   **Cuisson :** 45 min

CAKE « CHORIZO »,
OLIVES ET AIL DES OURS

Pour 5 personnes
3 œufs
10 cl d'huile d'olive
15 cl de lait de soja (ou autre type de lait)
8 cl de vin blanc
180 g de farine blanche
½ sachet de levure chimique
10 feuilles d'ail des ours
5 tranches de « chorizo » végétal (en magasins spécialisés)
15 olives noires dénoyautées
Poivre

MATÉRIEL
Moule à cake

1

Préchauffez le four à 180 °C (th. 6).

2

Dans un saladier, mélangez les œufs, l'huile, le lait et le vin, puis ajoutez la farine et la levure. Ciselez l'ail des ours, coupez en dés le chorizo et les olives. Poivrez si nécessaire. Ajoutez le tout dans la pâte à cake.

3

Versez la pâte dans le moule puis enfournez pour 45 min de cuisson.

4

Démoulez, laissez refroidir et servez avec une salade.

À SAVOIR
• L'ail des ours est une plante comestible sauvage, qui se trouve en bordure des sentiers en forêt. Vous pouvez la remplacer par 1 demi-cuil. à café d'ail semoule.
• Ce chorizo ressemble à s'y méprendre à du vrai ; il se trouve en boutiques spécialisées sur le net (unmondevegan.com) et certains magasins bio peuvent le commander. Vous pouvez le remplacer par un poivron rouge.

Préparation : 5 min

MOUSSE DE BETTERAVE

Pour 4 personnes
2 betteraves cuites
10 cl de jus de grenade
1 cuil. à soupe de vinaigre de cidre
1 cuil. à soupe d'huile d'olive
1 pincée de sel

1

Épluchez les betteraves, coupez-les en dés et mettez-les dans un blender.

2

Ajoutez le jus de grenade, le vinaigre de cidre, l'huile d'olive et le sel.

3

Vous pouvez ajouter des glaçons si vous le souhaitez.

4

Mixez à pleine puissance pendant 1 min et servez aussitôt.

ASTUCE
Vous pouvez aussi réchauffer la mousse pour la déguster tiède.

Les fruits d'automne et d'hiver

Zoom sur les grands classiques

ANANAS

L'ananas, dont le nom scientifique est *ananas comosus*, est produit par la plante xérophyte du même nom, appartenant à la famille des broméliacées. Originaire d'Amérique du Sud et des Caraïbes, il est connu pour sa chair juteuse, sucrée et très parfumée. Allongé et surmonté d'une couronne de feuilles piquantes, il se caractérise par une écorce rugueuse composée d'écailles brunes, sous laquelle se cache une délicieuse chair jaune.

LES DIFFÉRENTES VARIÉTÉS

Il existe de très nombreuses variétés d'ananas, néanmoins il est possible d'en distinguer quatre :
- le Cayenne ou Cayenne lisse, variété la plus commercialisée, de taille importante, à la chair jaune d'or ferme, fibreuse, juteuse, acide et très sucrée à la fois ;
- le Queen, facilement reconnaissable par sa petite taille, à la chair jaune assez ferme mais moins acide et moins sucrée que le Cayenne. La variété cultivée à La Réunion, portant le nom de Queen Victoria, est délicieusement acidulée ;
- le Red Spanish, de taille moyenne, à l'écorce pourpre et à la chair pâle, acidulée et légèrement fibreuse, mais très parfumée ;
- le Pernambuco, de taille moyenne, à la chair jaune très pâle, tendre, très sucrée et peu acide.

BIEN CHOISIR L'ANANAS

L'ananas doit être choisi lourd, ferme et bien parfumé. Il est inutile de prendre en considération la couleur de l'écorce qui change en fonction de la variété. Un bon indice : ses feuilles doivent se détacher lorsque l'on tire dessus. Les fruits sont cueillis avant leur complète maturité pour leur permettre de supporter le temps de transport : les ananas transportés par avion sont donc cueillis plus mûrs que ceux transportés par bateau.

LES MODES DE CONSERVATION

L'ananas se conserve bien à température ambiante pendant 2 à 3 jours. Comme beaucoup d'autres fruits exotiques, il supporte mal d'être placé dans le réfrigérateur. Surveillez que des taches n'apparaissent pas car elles marquent le début de la fermentation. Il est aussi déconseillé de laisser d'autres fruits en contact, car il peut accélérer leur maturation. Une fois préparé et coupé en dés, l'ananas peut facilement se congeler.

PRÉPARER L'ANANAS

Après avoir retiré les feuilles, posez l'ananas debout et ôtez l'écorce épaisse à l'aide d'un couteau, de haut en bas. Retirez les yeux encore présents dans la chair. Coupez-la en tranches dans le sens de la longueur de préférence, car la chair est plus sucrée à la base. Enfin, retirez la partie centrale, souvent dure.

CUISINER ET MARIER CE FRUIT

Parfumé et rafraîchissant, l'ananas est particulièrement apprécié en dessert. Il est délicieux servi nature ou dans une salade de fruits. Il s'intègre aussi à des desserts classiques comme le clafoutis, le crumble, la compote ou encore la tarte Tatin, leur offrant une jolie note exotique.
Dans des préparations salées, il se marie parfaitement avec la viande blanche, le poisson et les crevettes. Servi en brochette, il accompagne très bien le porc et le canard. Associé au curry et au lait de coco, il révèle toute sa saveur.

LES MEILLEURS MOIS POUR LE CONSOMMER

La meilleure période pour savourer un ananas s'étend du mois de décembre au mois de mars.

LES VERTUS DE L'ANANAS

D'un apport énergétique modéré, l'ananas est riche en vitamine C, en provitamine A et en vitamine E qui, associée à la vitamine C, joue un rôle antioxydant. En conserve, l'ananas devient beaucoup plus calorique et perd une grande partie de ses vertus. L'originalité de ce fruit tient surtout au fait qu'il renferme de la broméline, une enzyme qui facilite la digestion des protéines.

BANANE

La banane, de son nom scientifique *musa*, fruit de forme oblongue, tire son nom du mot *banana* qui signifie « doigt » en bantou. Elle appartient à la famille des musacées. Originaire d'Asie du Sud-Est, elle est le fruit dérivant de l'inflorescence du bananier. Lisse, sa peau change de couleur suivant les variétés : jaune, parfois mouchetée de brun ou rose. Sa chair, légèrement farineuse, reste blanche et sucrée.

LES DIFFÉRENTES VARIÉTÉS

Il est possible de distinguer deux grandes catégories de bananes :
- les bananes fruits : elles sont très sucrées et il existe des centaines de variétés. Les principales sont les bananes Grande naine, Gros Michel, Poyo ou encore Cavendish. Elles peuvent être courtes et violacées, mais sont plus généralement longues, jaunes et parsemées de taches brunes.
- les bananes légumes ou plantain : elles sont plus grosses et moins sucrées que les bananes fruits. Elles se consomment uniquement cuites. On les retrouve dans la cuisine créole, sud-américaine et africaine.

BIEN CHOISIR LES BANANES

Les bananes doivent se choisir fermes, lisses et avec des queues cassantes. Il est souvent conseillé de les acheter à différents stades de maturité. Plus les bananes sont colorées, plus elles sont mûres et doivent être mangées rapidement. Si vous souhaitez les conserver quelque temps, choisissez-les vertes, elles mûriront à température ambiante. Brunes ou noires, elles ont dépassé leur stade de maturité et leur chair risque d'être visqueuse. Attention, les bananes mangées trop vertes peuvent se révéler indigestes !

MODES DE CONSERVATION

Les bananes vertes se conservent longtemps à température ambiante et continuent ainsi de mûrir. Pour assurer une transformation en douceur, il est conseillé de les suspendre à un crochet, ou au contraire de les emballer dans du papier journal si le but est d'accélérer leur processus de maturation. Elles supportent mal le froid : leur évolution s'interrompt et la couleur de leur peau vire très vite au brun, puis au noir. Le réfrigérateur est donc à éviter ! Pour les congeler, il est fortement recommandé de les réduire en purée et d'y ajouter un peu de jus de citron. Vous pourrez ensuite utiliser cette purée de bananes pour la préparation de gâteaux ou de compotes.

PRÉPARER LES BANANES

Les bananes doivent être épluchées à la dernière minute car leur chair s'oxyde rapidement au contact de l'air. Il est important de les citronner au fur et à mesure pour ralentir le processus. Les bananes peuvent être cuisinées dans leur entier, coupées en rondelles, en tranches, en cubes ou même écrasées.

CUISINER ET MARIER CE FRUIT

Les bananes sont très appréciées en dessert, servies telles quelles, mais aussi en gâteaux, tartes, beignets, mousses ou glaces. Elles sont délicieuses préparées en salade de fruits et se marient très bien aux fraises, aux pommes et aux kiwis. Dans un plat salé, elles font de parfaites garnitures pour la viande de porc, de volaille et pour des poissons grillés. Elles s'accommodent délicieusement avec le gingembre, la cannelle, la vanille, le chocolat, le rhum, la crème et le beurre. Enfin, on peut également les consommer séchées !

LES MEILLEURS MOIS POUR LA CONSOMMER

La meilleure période pour consommer les bananes court du mois d'octobre au mois de décembre.

LES VERTUS DE LA BANANE

La banane est reconnue pour sa richesse en glucides et en fibres. Son importante teneur en magnésium, sélénium, fer et vitamines B et C est également à souligner. Elle est un aliment important pour les personnes en période de croissance et pour celles fournissant des efforts physiques conséquents. Elle combine sucres rapides et sucres lents, ce qui permet à ses consommateurs d'assurer une certaine endurance. Sa richesse en potassium apporte une aide efficace contre les crampes.

CLÉMENTINE

La clémentine, de son nom scientifique *citrus clementina*, est le fruit du clémentinier de la famille des rutacées. Ce fruit est un hybride obtenu en 1902 d'un croisement entre une mandarine et une orange par le Père Clément, alors missionnaire en Algérie. Petit agrume rond et ferme, son écorce orangée est fine et ne se détache pas facilement. Sa chair est très appréciée car elle est juteuse, acidulée, mais aussi très sucrée et sans pépin !

LES DIFFÉRENTES VARIÉTÉS

Il existe de nombreuses variétés de clémentines, parmi lesquelles il est possible de distinguer :
- la clémentine fine, cultivée en Corse, à la peau très fine mais difficile à ôter, ronde et de petit calibre, d'une belle couleur orange parfois légèrement verte ;
- les clémentines Caffin et Carte Noire, obtenues par mutation naturelle, cultivées au Maroc, prenant une couleur rouge prononcée arrivées à maturité ;
- les clémentines espagnoles Oroval et Oronules, d'une taille plus grosse que les autres variétés et à la peau plus rugueuse ;
- les clémentines Hermandia et Nour, de petite taille, à la peau fine et présentant des reflets verts.

BIEN CHOISIR LES CLÉMENTINES

Les clémentines doivent être choisies fermes, lourdes et avec une peau bien adhérente. La couleur et l'épaisseur ne sont pas à prendre en compte car elles changent en fonction de leur variété et non de leur degré de maturité. Pour utiliser leur écorce en zestes, mieux vaut choisir des fruits non traités.

LES MODES DE CONSERVATION

Les clémentines se gardent de préférence dans le bac à légumes du réfrigérateur afin qu'elles ne se dessèchent pas. Elles peuvent être conservées ainsi une bonne semaine. À l'air libre, elles ne se conserveront que pendant 3 ou 4 jours.

PRÉPARER LES CLÉMENTINES

Les clémentines se préparent très simplement : il suffit de retirer leur peau à la main, puis de détacher délicatement leurs quartiers. Elles peuvent aussi être pressées, une fois coupées en deux.

CUISINER ET MARIER CE FRUIT

Les clémentines sont le plus souvent consommées nature, comme fruit de table. Elles se mêlent cependant très délicatement aux salades, sucrées comme salées, et constituent de délicieux desserts préparées en crème, glace ou flan. Râpée finement ou confite, l'écorce apporte son parfum envoûtant une fois incorporée à une pâte à gâteau ou une pâte à crêpes, ainsi que dans les brioches ou les pains au lait. La clémentine peut aussi apporter sa note de délicatesse dans des préparations salées à base de crevettes, de gambas ou de homard. Ces mariages sont particulièrement réussis lorsqu'ils sont relevés de piment. La clémentine est aussi très appréciée pour son jus au goût sucré, acide et doux à la fois.

LES MEILLEURS MOIS POUR LA CONSOMMER

Les clémentines les plus goûteuses sont installées sur les étals entre le mois de novembre et le mois de février.

LES VERTUS DE LA CLÉMENTINE

Peu calorique, la clémentine est riche en vitamine C. Ses vertus tonifiantes lui permettent de protéger ses consommateurs des agressions extérieures. La clémentine est aussi une excellente source de minéraux et d'oligoéléments : sa forte teneur en calcium est nécessaire aux cellules osseuses. Le magnésium et le fer qu'elle contient, lui permettent aussi de jouer un rôle non négligeable dans la résistance des systèmes musculaire et nerveux. Les clémentines sont aussi riches en fibres douces qui ont la qualité d'activer tranquillement le transit intestinal.

NOIX

La noix, du nom scientifique *juglans*, est le fruit à coque du noyer, arbre appartenant à la famille des juglandacées. Il trouve ses origines sur le continent eurasiatique et en Afrique. De type drupe, la noix est en fait son noyau sec. Le noyer fructifie pendant de nombreuses années et il faut patienter parfois dix ans ou plus avant qu'il ne commence à produire en quantité. Récoltées fraîches en automne, les noix sont consommées sèches le reste de l'année.

LES DIFFÉRENTES VARIÉTÉS

Les variétés de noix varient en fonction de la période de maturité qui peut aller de la moitié du mois de septembre jusqu'à la fin du mois d'octobre. Parmi les différentes variétés, il est possible de distinguer :
- la Corne, variété rustique, considérée comme noix de table au goût fin et de taille moyenne ;
- la Marbot, noix de table aussi mais reconnaissable à son cerneau veiné ;
- la Grandjean, petite, facile à énoiser, et commercialisée en cerneaux ;
- la Franquette, aux gros cerneaux blonds et savoureux, faciles à extraire, et considérée comme une excellente noix de table.
La France est le premier producteur européen de noix, avec deux AOC : la noix de Grenoble (variétés Parisienne, ou Mayette) et la noix du Périgord (variétés Grandjean, Marbot, Franquette et Corne).

BIEN CHOISIR LES NOIX

Les noix se sélectionnent lourdes et pleines, aux écales intactes, sans fente, ni trou. Secouez-les : vous ne devez pas entendre l'amande bouger. Évitez les noix molles et creuses. Quand vous achetez des noix fraîches, faites très attention aux signes de moisissures.

LES MODES DE CONSERVATION

Les noix fraîches peuvent être conservées quelques jours au réfrigérateur, mais elles sont très sensibles au taux d'humidité et peuvent devenir aussi fragiles que des fraises.
À l'inverse, les noix sèches se conservent toute l'année, à l'abri de la chaleur et de la lumière. Afin que les cerneaux de noix sèches retrouvent toute leur fraîcheur, laissez-les tremper pendant 12 h dans du lait.

PRÉPARER LES NOIX

Brisez les noix. Pour sortir les cerneaux entiers, utilisez un petit marteau et donnez un coup sec sur le haut de la coquille, et non aux jointures. Ôtez les cerneaux et mettez de côté leur partie dure et centrale. Retirez la mince pellicule jaune-verte qui recouvre les cerneaux de noix frais. L'amande elle-même est blanche, mais devient légèrement grise en vieillissant.

CUISINER ET MARIER CE FRUIT

Les noix se cuisinent de façons très différentes. Elles peuvent être servies à l'apéritif, en cerneaux ou en vin de noix. En salade, elles se marient parfaitement avec les endives, les pommes et les betteraves. Les noix accompagnent aussi très délicatement certains fromages, en particulier le roquefort et le chèvre. Transformées en huile, elles parfument délicieusement les sauces et les vinaigrettes. Enfin, elles sont particulièrement appréciées en tartes, en gâteaux et en glaces ainsi qu'en garniture de nougat et d'autres gourmandises.

LES MEILLEURS MOIS POUR LES CONSOMMER

Les noix fraîches sont présentes sur les étals du mois de septembre au mois d'octobre. Sèches, elles se gardent plusieurs mois et, de fait, sont disponibles une grande partie de l'année.

LES VERTUS DE LA NOIX

Très intéressante sur le plan nutritif, la noix apporte du magnésium, du fer, des vitamines E et B6 ainsi que des acides gras insaturés, en particulier les précieux Oméga-3. En effet, 3 à 5 noix par jour permettent de satisfaire nos besoins journaliers en Oméga-3. La noix contient également des quantités importantes de protéines, mais étant très riche en lipides, elle doit être consommée avec modération !

POIRE

La poire est le fruit du poirier, du nom scientifique *pyrus communis l.*, appartenant à la famille des rosaceae. Ce petit arbre trouve ses origines en Asie centrale et en Europe occidentale. Son fruit est charnu avec une peau légèrement rugueuse et varie du vert au jaune et du rouge au marron suivant les variétés. Sa chair blanche, fine, juteuse et très rafraîchissante, est parfois granuleuse.

LES DIFFÉRENTES VARIÉTÉS

Il existe plus de 2 000 variétés de poires, mais seulement une dizaine est commercialisée sur nos marchés.

Il est possible de distinguer les poires d'été et celles d'automnes et d'hiver. La William's est une poire d'été à la peau lisse et brillante, variant du jaune au brun, du rouge au vert. Sa chair blanche, très fine est très parfumée et peu acide.

Parmi les variétés de poires d'automne et d'hiver, on peut s'arrêter sur :
- la Comice à la peau lisse, claire et tachetée de gris, à la chair blanche, fine et très parfumée, considérée comme l'une des meilleures poires de table ;
- la Passe-crassane à la peau épaisse, rugueuse, dorée et marbrée, sa chair granuleuse, fondante et plus acidulée, et reconnaissable au pédoncule recouvert de cire rouge pour retarder son mûrissement ;
- la Conférence à la peau épaisse, de couleur vert bronze, à sa chair fine, juteuse, sucrée, de couleur rosée en surface et blanche au centre, idéale pour les confitures.

BIEN CHOISIR LES POIRES

Les poires d'été doivent être choisies lourdes, parfumées et souples au toucher autour du pédoncule. Si possible sans meurtrissures et d'une belle couleur, mais bien mûres. À l'inverse, les poires d'automne et d'hiver se sélectionnent vertes et fermes, car elles finissent de mûrir à l'air libre.

LES MODES DE CONSERVATION

Les poires d'automne et d'hiver se conservent pendant une semaine, à température ambiance afin qu'elles mûrissent. Le froid accélérant le processus de maturation, il suffit de les placer quelques heures dans le bac à légumes du réfrigérateur pour qu'elles finissent de mûrir. Une fois à point, elles doivent être mangées dans la journée, tout comme les poires d'été. Les poires supportent également bien la congélation après avoir été coupées en quartiers et blanchies à l'eau bouillante citronnée.

PRÉPARER LES POIRES

Les poires peuvent se consommer mûres, à point, très fondantes ou encore un peu fermes selon les goûts de chacun. Si elles ne sont pas traitées, il n'est pas nécessaire de les peler, les passer sous un filet d'eau suffit. Pour conserver des poires épluchées bien blanches, plongez-les dans de l'eau citronnée.

CUISINER ET MARIER CE FRUIT

Crues ou cuites, les poires accompagnent très bien les mets salés. Elles apportent leur parfum délicat aux salades composées et se marient très bien avec les noix et certains fromages. Les poires sont très appréciées avec le cantal, le cheddar, le camembert, le bleu, le chèvre, le gorgonzola, ou encore le brie. Revenues dans du beurre ou pochées, elles sont un bel accompagnement pour des viandes comme le canard, les volailles, l'agneau ou encore du gibier. Elles sont aussi délicieuses avec des plats plus raffinés, comme des noix de saint-jacques ou du foie gras. Mais elles peuvent aussi s'accommoder avec de la mélisse, du romarin, de la sauge ou de la menthe. Et avec le chocolat, elles créent un dessert inoubliable !

LES MEILLEURS MOIS POUR LA CONSOMMER

Grâce à ces multiples variétés, on peut déguster des poires depuis le mois d'août jusqu'au mois de novembre.

LES VERTUS DE LA POIRE

La poire est excellente pour le transit intestinal et fonctionne comme un très bon coupe-faim. Sa richesse en eau lui permet de fournir d'importantes quantités de minéraux et d'oligoéléments. Elle participe ainsi activement à couvrir les besoins quotidiens de l'organisme en potassium, en calcium et en magnésium. Pauvre en sodium, elle est aussi idéale pour les personnes suivant un régime sans sel.

POMME

La pomme, dont le nom scientifique est *malus de domestica*, est le fruit du pommier, appartenant à la famille des rosacées. Originaire de la région du Caucase, c'est une baie charnue, ronde, de couleurs différentes en fonction des variétés, allant du rouge au marron en passant par le vert et le jaune. La pomme est l'espèce la plus cultivée dans le monde.

LES DIFFÉRENTES VARIÉTÉS

Il existe un très grand nombre de variétés de pommes. Parmi les plus connues, il est possible de distinguer celles qui se consomment aussi bien crues que cuites et celles simplement bonnes à croquer. Qu'elles soient servies crues ou cuites, on peut retenir la Golden delicious sucrée, croquante et juteuse ; la Gala très sucrée ; la Reine des Reinettes acidulée et peu sucrée ; la Braeburn croquante, juteuse et acidulée ; la Jonagold sucrée ; la Elstar acidulée et un peu sucrée ; la Reinette grise du Canada acidulée et croquante ; et la Belle de Boskoop acidulée. À croquer sans modération : la Granny-Smith très acidulée, croquante et rafraîchissante ; la Fuji sucrée et juteuse ; la Idared acidulée et la Red delicious sucrée et peu acidulée.

BIEN CHOISIR LES POMMES

Les pommes doivent être choisies fermes, sans tache, avec un pédoncule vert et dégageant un léger parfum. Attention : une peau fripée sera un indice de mauvaise conservation, mais pas nécessairement de mauvais goût ! Le choix des pommes se fait en fonction des préférences de chacun, mais surtout en fonction de la façon dont on souhaite les consommer.

LES MODES DE CONSERVATION

Les pommes peuvent être conservées pendant plusieurs jours à température ambiante, ou pendant une semaine dans le bac à légumes du réfrigérateur, ce qui les empêchera de continuer de mûrir. Les pommes supportent aussi très bien la congélation. Elles demandent une petite préparation : lavez et pelez les pommes, puis épépinez-les. Coupez-les selon votre envie. Vous pouvez les congeler ainsi si vous les arrosez de jus de citron. Sinon faites-les cuire avant de les placer dans un récipient adapté.

PRÉPARER LES POMMES

Les pommes non traitées peuvent se consommer telles quelles, avec leur peau et simplement rincées à l'eau. Dans la plupart des recettes, vous aurez à les éplucher et les épépiner. Elles peuvent ensuite être coupées en dés, en demi-tranches, ou autre selon votre recette. Si vous souhaitez les faire cuire dans leur entier, entaillez légèrement la peau afin d'éviter que le fruit n'éclate pendant la cuisson.

CUISINER ET MARIER CE FRUIT

On peut cuisiner les pommes de multiples façons. Elles sont utilisées de façons très variées pour des pâtisseries, des viennoiseries, des gâteaux ou des tartes. Flambées, farcies, en compotes ou en mousses, elles sont aussi délicieuses. Elles se marient très bien avec les épices comme la cannelle ou la vanille et, grâce à la pectine qu'elles contiennent, elles sont très utiles à la préparation de gelées de fruits. Dans des plats sucrés-salés, elles s'accordent parfaitement au boudin noir, au rôti de porc, à l'andouillette et à différentes volailles. Elles sont aussi très appréciées dans les salades composées.

LES MEILLEURS MOIS POUR LA CONSOMMER

Les pommes sont meilleures du mois de septembre au mois de décembre car elles ont mûri sur l'arbre !

LES VERTUS DE LA POMME

Modérément calorique, la pomme est riche en fibres et a l'avantage de réguler le transit intestinal. Consommée crue, elle est une véritable source de vitamines B, E et C ; leur quantité diminue pendant la cuisson. La présence de pectine permet de faire diminuer en partie le cholestérol et la forte présence d'eau apporte d'importants minéraux et oligoéléments, en particulier du potassium.

RAISIN

Le raisin est le fruit d'une vigne, du nom scientifique *vitis vinifera*, appartenant à la famille des ampélidacées. Originaire du Proche-Orient, cette liane produit des grappes composées de nombreux grains, les baies. Elles sont de petite taille et de couleur claire, pour le raisin blanc, ou plus foncée, pour le raisin rouge. Leur chair très juteuse est plus ou moins sucrée selon les variétés. Le raisin fait partie des fruits anciens que l'on connaît.

LES DIFFÉRENTES VARIÉTÉS

Il existe de très nombreuses variétés dans le monde, entre 5 000 et 7 000, mais seule une petite partie est consommée. Parmi les variétés les plus consommées se distinguent :
- le Muscat de Hambourg : raisin noir tardif, petit, à la peau fine, faisant parti des plus savoureux, grâce à sa pulpe juteuse et très parfumée ;
- l'Italia ou Idéal blanc : raisin de septembre, vert, gros et croquant à la peau moyenne et à la pulpe assez musquée ;
- l'Alphonse Lavallée : raisin de moyenne saison (août-octobre), bleu-noir, gros, ferme, à la peau épaisse et à la pulpe très ferme ;
- le Chasselas : fruit de moyenne saison (août-novembre) doré, à la peau fine, à la chair tendre et juteuse, et à la saveur délicate et sucrée ;
- le Ribol : raisin tardif, noir, gros, ovale et aux pépins réputés assez durs.

BIEN CHOISIR LE RAISIN

Choisissez les raisins mûrs, car une fois cueillis les grains n'évoluent plus. Prenez-les aussi fermes, sans tache et sans ride. La fine pellicule blanche, la pruine, est gage de maturité. La tige doit être verte, souple et cassante.

LES MODES DE CONSERVATION

Le raisin se conserve jusqu'à 5 jours dans le bac à légumes du réfrigérateur, dans un sachet perforé. Il peut être laissé à l'air libre, dans une corbeille à fruits mais il devra être consommé dans les 2 à 3 jours. Le raisin se congèle, mais il faut l'égrainer au préalable et le faire macérer dans du sirop de sucre dans un récipient bien fermé. Une fois sec, le raisin se conserve plusieurs mois dans un récipient hermétique.

PRÉPARER LE RAISIN

Avant de consommer du raisin, il est important de bien le rincer car il est très souvent traité. Il est recommandé de le sortir du réfrigérateur 1 h avant de le manger afin d'en apprécier toute la saveur. Dans certains cas, et pour certaines variétés, il est utile de retirer leur peau épaisse et leurs gros pépins.

CUISINER ET MARIER CE FRUIT

Principalement connu pour la fabrication du vin à partir de son jus fermenté, le raisin est aussi très apprécié en fruit de table ou sec. Il peut être cuisiné en tartes, crumbles ou clafoutis. Il rehaussera aussi subtilement les semoules, le riz au lait et se mêlera délicatement aux salades de fruits.
Dans des plats salés, il est très apprécié dans les salades vertes, accompagné de noix et de jambon cru. Se mariant délicieusement bien avec tout un éventail de fromages, le raisin est réputé pour s'allier particulièrement bien aux fromages frais. Cuit, il forme une belle harmonie avec le veau, le canard ou encore le gibier et constitue une parfaite garniture pour les viandes blanches et le foie gras.

LES MEILLEURS MOIS POUR LE CONSOMMER

Les meilleurs mois pour consommer le raisin sont les mois de septembre et d'octobre.

LES VERTUS DU RAISIN

Le raisin est l'un des fruits les plus énergétiques, autant que la figue fraîche mais moins que la banane. Son principal atout est sa grande richesse en antioxydants et en minéraux, ce qui fait de lui un très bon diurétique. Reminéralisant et source de vitamine C, ce sont aussi certaines vitamines du groupe B qui lui permettent de favoriser l'assimilation des glucides.

Préparation : 15 min   **Cuisson :** 20 min

MILLEFEUILLE
DE TOPINAMBOUR

Pour 4 personnes
4 gros topinambours
150 g de quinoa
1 cuil. à café de curry en poudre + un peu pour décorer
2 cuil. à soupe d'huile d'olive
Sel

1

Rincez le quinoa, déposez-le dans une casserole et recouvrez-le de 2 fois son volume d'eau. Portez à ébullition puis baissez le feu et laissez cuire 15 min. Égouttez et réservez.

2

Pendant la cuisson du quinoa, épluchez les topinambours et, à l'aide d'une mandoline, coupez-les en fines lamelles d'environ 5 mm d'épaisseur. Déposez-les dans un cuit-vapeur et faites-les cuire 5 min.

3

Pendant ce temps, dans une sauteuse, faites chauffer l'huile d'olive, ajoutez le curry dans l'huile chaude pour qu'il exprime tous ses arômes.

4

Ajoutez le quinoa et faites-le revenir pendant quelques minutes, le temps d'obtenir une belle couleur jaune orangé.

5

Pour la présentation, aidez-vous d'un cercle à pâtisserie de taille moyenne. Déposez 1 couche de lamelles de topinambours, 1 couche de quinoa, et ainsi de suite pour finir par 1 couche de topinambours. Saupoudrez de curry et servez.

ASTUCE
Vous pouvez remplacer le topinambour par de la pomme de terre.

Préparation : 20 min

GASPACHO DE TOMATES

Pour 6 personnes
8 tomates bien mûres
1 concombre
1 poivron
1 petit oignon frais
1 gousse d'ail
2 tranches de pain de mie
6 bonnes cuil. à soupe d'huile d'olive
Le jus de 1 citron
3 cuil. à soupe de vinaigre de vin
4 feuilles de menthe
1 branche de coriandre
Quelques gouttes de Tabasco®
Sel, poivre

MATÉRIEL
Mixeur

1
Épluchez et épépinez les tomates, le concombre et le poivron. Coupez le tout en petits dés. Pelez et émincez l'oignon et l'ail. Réservez 1 demi-tomate et un quart de concombre en petits dés pour la finition.

2
Disposez tous les légumes, le pain de mie légèrement humidifié, l'huile d'olive, le jus du citron et le vinaigre dans le bol du mixeur. Mixez jusqu'à l'obtention d'une soupe. Ajoutez le reste des ingrédients et mixez à nouveau finement.

3
Disposez au frais jusqu'au moment de servir.

4
Décorez avec les dés de légumes réservés et servez bien frais.

CONSEIL
Vous pouvez ajouter des dés de feta juste avant de déguster.

Niveau FACILE

Préparation : 15 min **Cuisson :** 25 min

VELOUTÉ COURGE,
PATATE DOUCE ET PANAIS

½ courge butternut
2 petits panais
1 grosse patate douce
1 oignon
1,5 l d'eau + 1 cube de bouillon de légumes

MATÉRIEL
Mixeur

1
Lavez, épluchez et coupez en dés la courge, les panais et la patate douce. Pelez et émincez l'oignon.

2
Dans une casserole, faites revenir l'oignon avec un peu d'huile. Ajoutez ensuite les légumes. Versez l'eau avec le cube de bouillon puis faites cuire 25 min.

3
Mixez et servez bien chaud.

CONSEIL
Si vous utilisez des produits bio, vous n'avez pas besoin d'éplucher la patate douce et les panais.

Préparation : 10 min **Cuisson :** 20 min

VELOUTÉ DE BUTTERNUT
AU TEMPEH

Pour 4 personnes
1 courge butternut
100 g de tempeh
2 gousses d'ail
5 cl de crème de soja
2 cl d'huile d'olive
Sel et poivre

1
Épluchez la courge butternut, ôtez les graines et coupez-la en dés. Réservez.

2
Coupez le tempeh en morceaux. Épluchez les gousses d'ail. Réservez.

3
Faites chauffer l'huile d'olive dans une cocotte, déposez dedans les morceaux de courge butternut, le tempeh et l'ail. Faites blondir légèrement avant de recouvrir d'eau. Salez et poivrez. Laissez cuire 20 min.

4
En fin de cuisson, versez la crème de soja et mixez finement à l'aide d'un mixeur plongeant. Dégustez chaud.

ASTUCE
Vous pouvez aussi réaliser ce velouté avec du chou-fleur ou du brocoli.

Préparation : 15 min **Trempage :** 2 h
Cuisson : 55 min

Pour 4 personnes
300 g de pois cassés
1 morceau de 10 cm d'algue kombu
300 g de petits pois en boîte
1 branche de céleri
1 oignon
10 cl de lait de coco
1 pincée de gingembre en poudre
1 pincée de curcuma en poudre
Sel

1

Faites tremper les pois cassés pendant 2 h. Rincez-les bien avant de les mettre à cuire avec l'algue kombu dans une grande cocotte dans 4 fois leur volume d'eau pendant 30 min.

2

Égouttez les petits pois et ajoutez-les dans la cocotte. Lavez et coupez le céleri en rondelles avant de l'ajouter également.

3

Épluchez l'oignon, coupez-le en huit et ajoutez-le dans la cocotte. Prolongez la cuisson de 15 min à couvert.

4

En fin de cuisson, ajoutez le lait de coco, le gingembre et le curcuma avant de mixer. Salez à votre convenance et dégustez chaud.

Préparation : 30 min **Cuisson :** 1 h 30

RATATOUILLE

Pour 4 à 6 personnes
2 courgettes (500 g)
1 grosse aubergine (300 g)
2 poivrons (1 rouge et 1 vert)
6 tomates bien mûres ou 50 cl de coulis de tomates
1 gros oignon
2 gousses d'ail
2 branches de thym
1 feuille de laurier séché
1 morceau de sucre (soit 1 cuil. à café)
1 cuil. à café de sel
Huile d'olive
Poivre du moulin

MATÉRIEL
Cocotte

1
Lavez les courgettes et l'aubergine, coupez leurs extrémités et coupez-les en dés de 1 cm sans les peler. Lavez les poivrons, coupez leur pédoncule, ôtez les graines et les membranes blanches et coupez-les en dés de 1 cm. Ôtez le pédoncule des tomates, coupez-les en deux, ôtez les graines et recoupez les tomates en gros morceaux. Pelez l'oignon, hachez-le finement.

2
Faites chauffer 2 cuil. à soupe d'huile d'olive et faites-y blondir l'oignon. Ajoutez les aubergines et les poivrons, faites-les dorer 7 min. Ajoutez alors les courgettes, les tomates, les gousses d'ail en chemise, le thym, le laurier et le sucre. Salez, couvrez et laissez mijoter à feu très doux pendant 1 h en remuant fréquemment.

3
Au bout de ce temps, goûtez pour rectifier l'assaisonnement si nécessaire. Les légumes ayant alors rendu plus ou moins de jus, laissez le jus de cuisson s'évaporer en poursuivant la cuisson à découvert le temps nécessaire (en général, environ 30 min). Servez chaud, tiède ou froid.

À SAVOIR
La ratatouille est encore meilleure réchauffée. Elle peut même se congeler. Une fois tous les légumes rissolés, vous pouvez également glisser votre cocotte couverte dans un four préchauffé à 180 °C (th. 6) pendant 1 h. Finissez la cuisson à découvert à feu doux si les légumes rendent trop d'eau.

Préparation : 25 min **Repos :** 1 h
Cuisson : 40 min

CRÊPES AUX ÉPINARDS

Pour 6 personnes

Pour les crêpes
3 œufs
250 g de farine
50 cl de lait de soja ou de riz
2 cuil. à soupe d'huile d'olive
Noix muscade
1 pincée de sel
Poivre

Pour la garniture
2 oignons
300 g de champignons de Paris
1 kg d'épinards hachés surgelés
40 cl de crème de soja
2 cuil. à soupe de levure de bière
Huile d'olive

1

Dans un saladier, fouettez les œufs. Ajoutez la farine, puis délayez le lait petit à petit. Ajoutez l'huile d'olive, la muscade, le sel et le poivre. Couvez le saladier d'un torchon et laissez reposer la pâte à crêpes 1 h.

2

Faites chauffer une crêpière et graissez-la légèrement. Disposez une louche de pâte et laissez cuire 2 min. Retournez la crêpe et faites cuire 1 min. Répétez l'opération avec le reste de pâte. Réservez les crêpes.

3

Préchauffez le four à 180 °C (th. 6). Épluchez et émincez les oignons, lavez et coupez les champignons. Faites rissoler les oignons dans un filet d'huile d'olive. Une fois qu'ils deviennent transparents, ajoutez les champignons et les épinards. Laissez cuire à feu moyen pendant 15 min. Salez et poivrez. Au bout de 15 min, ajoutez 30 cl de crème de soja, laissez réduire quelques minutes et coupez le feu.

4

Disposez un peu de préparation aux épinards et aux champignons dans chaque crêpe, puis roulez-les et disposez-les dans un plat à gratin. Arrosez de la crème de soja restante et saupoudrez de levure de bière. Enfournez pour 10 min.

Préparation : 20 min **Cuisson :** 20 min

POLENTA CRÉMEUSE
AUX CHAMPIGNONS

Pour 4 personnes
1 verre à moutarde de polenta
1 oignon
½ bouquet de persil frais
150 g de champignons de Paris
300 g de mélange de champignons
15 cl de crème liquide
1 cuil à café d'ail en poudre
30 cl d'eau
30 cl de lait
1 cube de bouillon de légumes
Sel, poivre

1

Pelez et émincez l'oignon. Ciselez le persil. Dans une poêle, faites revenir l'oignon puis ajoutez les champignons. Laissez mijoter jusqu'à ce que l'eau des champignons soit absorbée. Versez la crème, assaisonnez de sel et de poivre, saupoudrez d'ail et de persil.

2

Dans une casserole, versez l'eau, le lait, ajoutez le cube et portez à ébullition. Versez la polenta tout en fouettant puis baissez le feu et mélangez pendant 5 min pour que tous les liquides soient absorbés. Si la polenta n'est pas tout à fait cuite, ajoutez un peu de lait et laissez cuire un peu plus longtemps.

3

Dans des bols de service, disposez la polenta puis la poêlée de champignons. Dégustez sans attendre.

Préparation : 30 min   **Cuisson :** 55 min

CANNELLONIS
À LA BROUSSE ET AUX ÉPINARDS

Pour 4 personnes
500 g d'épinards crus
2 oignons
2 gousses d'ail
10 brins de persil
15 feuilles de basilic frais
250 g de brousse du Rove
Thym
1 gros œuf (bio ou issu de poules élevées en plein air)
40 cl de coulis de tomates
5 cl de vin blanc
1 morceau de sucre
1 feuille de laurier séché
Huile d'olive
12 cannellonis crus
Sel, poivre du moulin

1

Lavez et triez les épinards. Hachez-les finement au couteau. Pelez les oignons, émincez-les finement. Pelez 1 gousse d'ail, hachez-la finement avec le persil et le basilic.

2

Préparez la farce. Faites dorer la moitié de l'oignon dans 1 cuil. à soupe d'huile d'olive. Ajoutez les épinards et faites-les cuire pendant 5 à 10 min, jusqu'à ce qu'ils aient rendu toute leur eau. Égouttez-les et pressez-les pour retirer le maximum d'eau. Mélangez les épinards, le persil, le basilic, l'ail haché et la brousse. Salez, poivrez, ajoutez un peu de thym ainsi que l'œuf et mélangez.

3

Préparez le coulis. Faites revenir l'oignon restant dans un peu d'huile d'olive. Versez le coulis de tomates, ajoutez la gousse d'ail restante en chemise, le vin blanc, le morceau de sucre, la feuille de laurier, salez, poivrez et laissez mijoter pendant 15 min.

4

Préchauffez le four à 180 °C (th. 6). Remplissez les cannellonis de farce et placez-les dans le tian. Recouvrez-les de coulis de tomates et enfournez pour 30 min.

Préparation : 40 min   **Cuisson :** 20 min

LASAGNES VÉGÉTALES

Pour 4 personnes

Pour la béchamel
50 g de farine de riz
75 cl de lait de soja
Noix muscade
6 cl d'huile d'olive
Sel et poivre

Pour la garniture
1 courge butternut
2 carottes
50 g de tomates séchées
1 oignon
1 cuil. à café de curcuma en poudre
20 g de pignons de pin
Gomasio
Huile d'olive
Sel

1

Préparez la béchamel. Dans une casserole, faites chauffer l'huile. Ajoutez la farine de riz et mélangez bien. Délayez petit à petit avec le lait de soja en continuant de bien mélanger. Faites cuire à feu moyen en mélangeant jusqu'à ce que la sauce épaississe. Ajoutez sel, poivre et noix muscade à votre convenance. Réservez.

2

Épluchez la courge butternut. À l'aide d'une mandoline, coupez des tranches de 0,5 cm d'épaisseur dans le sens de la largeur. Retirez les pépins et le pédoncule. Faites cuire les tranches de courge butternut à la vapeur pendant 5 min. Réservez.

3

Épluchez les carottes et coupez-les en brunoise. Faites de même avec les tomates séchées. Épluchez l'oignon et hachez-le.

4

Dans une poêle, faites chauffer un peu d'huile d'olive, ajoutez les dés de carottes, les tomates séchées et l'oignon. Faites cuire 5 min. Ajoutez le curcuma et salez. Réservez.

5

Préchauffez le four à 180 °C (th. 6). Dans un plat à gratin, déposez 1 couche de courge, 1 couche de béchamel, un peu du mélange carottes-tomates-oignon et ainsi de suite. Finissez par 1 petite couche de béchamel végétale. Concassez les pignons de pin et ajoutez-les. Saupoudrez de gomasio. Enfournez pour 15 min de cuisson et dégustez chaud.

Préparation : 15 min   **Cuisson :** 35 min

AUBERGINE
À LA TOMATE

Pour 3 personnes
1 grosse aubergine
½ oignon
300 g de chair de tomates en conserve
1 cube de bouillon
10 cl d'eau
1 cuil. à café d'ail en poudre (ou 2 gousses d'ail frais)
1 branche de romarin
Huile d'olive

1

Épluchez et coupez l'aubergine en dés. Pelez et émincez le demi-oignon.

2

Dans une poêle, faites chauffer un peu d'huile et faites revenir l'oignon quelques minutes. Ajoutez l'aubergine et poursuivez la cuisson 5 min sur feu moyen. Ajoutez la chair de tomates, le cube de bouillon, l'eau, l'ail et le romarin. Laissez mijoter 30 min.

3

Rectifiez l'assaisonnement et servez tiède sur des pâtes ou du riz.
Prenez soin de retirer le romarin avant de servir.

Niveau FACILE

Préparation : 20 min   **Cuisson :** 1 h

TIAN DE LÉGUMES
AU FROMAGE DE BREBIS ET AUX FINES HERBES

Pour 6 personnes
4 pommes de terre
3 tomates
2 courgettes
1 petite aubergine
1 oignon
1 pot de poivrons grillés à l'huile d'olive
½ bouquet de persil
1 bouquet de ciboulette
1 fromage de brebis frais
1 gousse d'ail
6 cuil. à soupe d'huile d'olive

MATÉRIEL
Plat à gratin

1

Préchauffez le four à 180 °C (th. 6). Préparez tous les légumes : épluchez-les et coupez-les en très fines lamelles, si possible à l'aide d'une mandoline. Égouttez les poivrons grillés. Ciselez les herbes.

2

Dans le plat à gratin, disposez verticalement les légumes, en alternant les tranches : pomme de terre, tomate, courgette, aubergine, oignon et poivron.

3

Pressez la gousse d'ail et mélangez avec le persil et la ciboulette. Parsemez le tian de ce mélange, répartissez le fromage émietté puis arrosez d'huile d'olive. Enfournez pour 1 h de cuisson.

4

Servez bien chaud avec une galette de céréales (voir recette p. 126) par exemple.

ASTUCE
Vous pouvez utiliser l'huile du bocal de poivrons, le gratin n'en sera que plus parfumé.

Préparation : 20 min   **Cuisson :** 45 min

CROZIFLETTE
DE LÉGUMES

Pour 6 personnes
400 g de crozets au sarrasin
1 gros oignon
½ chou chinois (ou vert)
½ courge butternut
1 bloc de tofu fumé
30 cl de crème de soja
1 reblochon
2 cuil à soupe d'huile

MATÉRIEL
Plat à gratin

1

Dans une casserole, faites cuire les crozets comme indiqué sur le paquet. Égouttez les crozets, disposez-les dans le plat à gratin puis réservez.

2

Pelez et émincez l'oignon. Hachez finement le chou, puis pelez, épépinez et coupez en petits dés la courge. Hachez ou émincez le tofu. Dans une poêle, faites revenir l'oignon dans l'huile. Ajoutez le chou, puis la courge et faites rissoler 5 min. Ajoutez le tofu puis faites mijoter à feu moyen avec un peu d'eau, jusqu'à ce que les légumes soient bien cuits (environ 20 min).

3

Ajoutez enfin la crème, laissez cuire à feu doux 2 min, puis coupez le feu.

4

Préchauffez le four à 180 °C (th. 6). Coupez le reblochon en tranches. Répartissez la sauce sur les crozets, répartissez le reblochon et enfournez pour 20 min jusqu'à ce que le tout gratine.

Préparation : 35 min   **Cuisson :** 15 à 20 min

SOUFFLÉ AU FROMAGE

Pour 4 personnes
4 œufs
50 g de beurre + pour les moules
50 g de farine
30 cl de lait
120 g d'emmental râpé
Noix muscade

MATÉRIEL
Batteur électrique
4 ramequins

1

Préchauffez le four à 180 °C (th. 6). Séparez les blancs des jaunes d'œufs.

2

Faites fondre le beurre dans une casserole. Versez la farine d'un seul coup et remuez pendant 2 min. Ajoutez le lait et mélangez jusqu'à ce que la préparation épaississe. Saupoudrez d'un peu de noix muscade râpée.

3

Hors du feu, ajoutez les jaunes d'œufs. Remuez vivement pour éviter qu'ils ne cuisent.

4

Montez les blancs en neige bien ferme à l'aide du batteur électrique. Incorporez-les délicatement à la préparation précédente. Ajoutez enfin le fromage râpé.

5

Versez l'appareil à soufflé dans 4 ramequins propres et beurrés. Enfournez les soufflés pour 15 à 20 min de cuisson, jusqu'à ce qu'ils soient bien gonflés et bien dorés.

6

Servez les soufflés sans attendre avant qu'ils ne retombent. Accompagnez-les d'une salade verte.

Préparation : 20 min   **Cuisson :** 8 min

VÉGÉ BURGER

Pour 4 personnes
4 pains à burger
1 oignon
200 g de haricots azukis cuits
1 cuil. à soupe de fécule de pomme de terre
1 cuil. à soupe de purée d'amandes
1 gousse d'ail
1 cuil. à café de paprika doux
4 cuil. à café de moutarde
2 tomates
8 feuilles de laitue
4 brins de persil plat
4 cuil. à soupe d'huile d'olive

1

Épluchez l'oignon et hachez-le grossièrement.
Faites-le revenir dans une poêle avec 2 cuil. à soupe d'huile d'olive.

2

Pendant ce temps, déposez les haricots azukis dans le bol d'un mixeur. Ajoutez la fécule de pomme de terre, la purée d'amandes, la gousse d'ail épluchée et dégermée et le paprika doux. Ajoutez l'oignon lorsqu'il est cuit et mixez pour obtenir une pâte homogène.

3

Faites chauffer le reste d'huile d'olive dans une poêle. Formez 4 tas arrondis avec la pâte, déposez-les dans la poêle et laissez cuire 4 min de chaque côté.

4

Pendant ce temps, coupez les pains à burger en deux dans le sens de la largeur et passez-les au grille-pain.

5

Tartinez une face interne avec 1 cuil. à café de moutarde, ajoutez 1 feuille de laitue pus le steak d'azukis, ½ tomate tranchée, 1 autre feuille de laitue et quelques feuilles de persil haché. Fermez le burger et faites de même avec les 3 autres.

Préparation : 30 min   **Réfrigérateur :** 30 min
Cuisson : 25 min

GNOCCHIS
AU POTIMARRON, SAUCE AU PARMESAN

Pour 4 personnes

400 g de potimarron (un petit potimarron)
1 œuf
250 g de farine
Huile d'olive
Sel, poivre du moulin

Pour la sauce au parmesan
15 cl de crème liquide
10 cl de lait
100 g de parmesan

MATÉRIEL
Presse-purée (facultatif)

1

Coupez le potimarron en cubes et faites-les cuire pendant 15 min dans une casserole d'eau bouillante salée. Égouttez le potimarron et laissez-le refroidir. Dans un saladier, écrasez-le à la fourchette ou à l'aide du presse-purée.

2

Ajoutez l'œuf à la purée de potimarron et remuez. Salez, poivrez et versez la farine petit à petit jusqu'à obtention d'une pâte collante, mais ferme.

3

Farinez le plan de travail (il faut en mettre beaucoup) et façonnez un boudin de pâte assez long et fin. Découpez des morceaux tous les 2 cm environ et écrasez légèrement chaque boudin à l'aide d'une fourchette pour leur donner leur forme striée. Laissez reposer les gnocchis bien farinés pendant 30 min au réfrigérateur.

4

Plongez les gnocchis dans une casserole d'eau frémissante salée. Ils remontent à la surface lorsqu'ils sont cuits. Sortez-les à l'aide de l'écumoire et déposez-les au fur et à mesure dans un plat. Versez un léger filet d'huile d'olive dans le plat de gnocchis pour éviter qu'ils ne collent entre eux.

5

Préparez la sauce au parmesan. Dans une petite casserole, versez la crème liquide et le lait. Râpez des copeaux de parmesan et ajoutez-les dans la casserole. Faites chauffer doucement de manière à faire fondre le parmesan. Remuez jusqu'à obtention d'une sauce bien lisse et versez-la sur les gnocchis. Servez bien chaud.

Préparation : 15 min   **Cuisson :** 30 min

RISOTTO DE POIREAUX

Pour 2 personnes
1 oignon
2 poireaux
200 g de riz à risotto
10 cl de vin blanc
1 l d'eau chaude
1 cube de bouillon de légumes
80 g de parmesan fraîchement râpé
20 g de beurre
Huile d'olive

1

Pelez et émincez l'oignon. Dans une poêle, faites revenir avec un peu d'huile. Lavez et émincez les poireaux, ajoutez-les dans la poêle et laissez cuire 10 min. Versez un peu d'eau si besoin.

2

Versez le riz, mélangez bien, puis déglacez avec le vin blanc. Laissez l'alcool s'évaporer puis versez l'eau additionnée du cube de bouillon. Remuez de temps en temps.

3

En fin de cuisson, quand l'eau est presque totalement absorbée, ajoutez le parmesan et le beurre.

4

Laissez reposer 10 min puis remuez bien.

5

Servez bien chaud.

Préparation : 15 min   **Cuisson :** 20 min

PILAF DE QUINOA

Pour 2 personnes
1 oignon
4 pétales de tomate séchée à l'huile en conserve
1 poivron grillé à l'huile en conserve
1 poignée d'épinards frais
1 verre de quinoa cru
1 cube de bouillon de légumes
2 verres d'eau
Huile d'olive

1
Pelez et émincez l'oignon. Coupez finement les pétales de tomate et le poivron.
À l'aide d'un couteau, hachez les épinards.

2
Dans une casserole, faites revenir l'oignon avec un peu d'huile. Une fois l'oignon coloré, ajoutez le quinoa,
le cube de bouillon, les pétales de tomate, le poivron et les épinards hachés.
Mélangez bien et laissez cuire 5 min à feu moyen tout en remuant.

3
Versez l'eau, remuez, couvrez et attendez que celle-ci soit entièrement absorbée.
Une fois l'eau absorbée, remuez le quinoa pour en détacher les grains.

4
Servez aussitôt.

Préparation : 15 min   **Cuisson :** 10 min

Pour 15 steaks environ
1 boîte de haricots rouges
2 œufs
1 oignon
½ botte de persil frais
1 pincée de cumin en poudre
1 cuil. à café de curcuma en poudre
3 cuil. à soupe de farine
1 cuil. à soupe de chapelure
Huile (olive, pépins de raisin…)

MATÉRIEL
Mixeur

1

Dans le bol du mixeur, disposez les haricots rouges lavés et égouttés, les œufs, l'oignon pelé, le persil et les épices. Mixez une première fois afin d'obtenir une purée lisse. Ajoutez la farine et la chapelure et mixez à nouveau quelques secondes.

2

Dans une poêle, faites chauffer un fond d'huile. Prélevez 1 cuil. à soupe de préparation et disposez-la dans la poêle. Procédez ainsi jusqu'à épuisement de la préparation. Tapotez légèrement les « steaks » et retournez-les au bout de 5 min ; poursuivez la cuisson 5 min.

3

Réservez les steaks sur une feuille de papier absorbant.

4

Servez chaud ou tiède.

CONSEIL
Servez ces steaks de haricots en accompagnement d'une salade composée, d'un gratin…

Préparation : 20 min **Cuisson :** 5 min
Repos : 10 min

GALETTES DE CÉRÉALES
AUX LÉGUMES ET TOFU FUMÉ

Pour 15 galettes
250 g de mélange de flocons d'avoine et de 5 céréales
3 œufs
3 pincées de sel
25 cl de lait
3 carottes
10 champignons
1 oignon
100 g de tofu fumé
7 cuil. à soupe de farine de petit épeautre
Huile d'olive

MATÉRIEL
Mixeur

1
Dans un saladier, mélangez les flocons de céréales avec les œufs, le sel et le lait. Laissez reposer le mélange 10 min.

2
Pendant ce temps, lavez et épluchez les légumes. Mixez-les avec le tofu fumé.

3
Dans une poêle, faites revenir les légumes dans de l'huile d'olive pendant 10 min.

4
Ajoutez les légumes au mélange de flocons de céréales, mélangez bien et versez la farine. Formez des galettes à l'aide de vos mains.

5
Dans une poêle, faites cuire les galettes 5 min dans 2 à 3 cuil. à soupe d'huile d'olive.

6
Servez bien chaud avec une ratatouille ou de la salade.

Préparation : 20 min   **Cuisson :** 30 min

CHILI VÉGÉTARIEN

Pour 4 personnes
2 oignons
1 gousse d'ail
1 poivron
3 carottes
200 g de maïs
1 cuil. à café de chili
1 cuil. à café d'origan
½ cuil. à café de cumin
800 g de tomates pelées
1 grande boîte de haricots rouges
3 cuil. à soupe d'huile d'olive
Sel, poivre

Pour servir
Crème fraîche

1
Pelez et émincez les oignons et l'ail. Épépinez puis coupez le poivron en dés.
Pelez et hachez les carottes.

2
Faites chauffer l'huile dans une poêle puis faites revenir les oignons, le poivron, les carottes et l'ail.
Laissez revenir 10 min en remuant. Incorporez le maïs égoutté en mélangeant bien, salez, ajoutez le chili,
l'origan, le cumin et mélangez. Versez les tomates avec leur jus et portez à ébullition. Laissez mijoter 15 min.
Les légumes doivent être tendres. Ajoutez les haricots en dernier et poursuivez la cuisson 5 min.

3
Servez chaud avec un peu de crème et un morceau de pain frais (voir recette p. 19).

CONSEIL
Vous pouvez aussi accompagner ce plat de riz basmati.

Préparation : 20 min **Cuisson :** 10 min

Pour 6 bouchées
6 vol-au-vent
100 g de champignons surgelés
100 g de gruyère râpé
1 cuil. à soupe d'huile d'olive

Pour la béchamel
30 g de beurre
40 g de farine
40 cl de lait
1 bloc de tofu fumé

1

Préchauffez le four à 200 °C (th. 6-7). Préparez la béchamel : dans une casserole, faites fondre le beurre, ajoutez la farine d'un coup et mélangez à l'aide d'un fouet. Versez doucement le lait tout en fouettant et poursuivez la cuisson jusqu'à ce que la sauce épaississe. Découpez le tofu fumé en cubes et ajoutez-les à la béchamel.

2

Dans une poêle, faites chauffer l'huile et faites revenir les champignons. Une fois qu'ils sont cuits, ajoutez-les à la béchamel. Répartissez cette sauce dans les vol-au-vent, saupoudrez de fromage râpé et enfournez pour 10 min.

3

Servez chaud avec de la salade.

Préparation : 30 à 35 min   **Cuisson :** 10 min

TARTIFLETTE
DE LÉGUMES

Pour 3 personnes
10 pommes de terre
1 poireau
1 carotte
½ panais
2 topinambours
2 cuil. à soupe d'huile d'olive
15 cl de crème liquide
½ reblochon
¼ de mont d'or

MATÉRIEL
Plat à gratin

1

Dans une casserole d'eau bouillante, faites cuire les pommes de terre épluchées. Épluchez, lavez et émincez les légumes. Faites-les revenir 20 min dans une poêle avec l'huile d'olive. Ajoutez la crème et poursuivez la cuisson 10 à 15 min.

2

Préchauffez le four à 220 °C (th. 7 environ). Tranchez les fromages. Égouttez les pommes de terre, découpez-les en rondelles et disposez-les dans le plat à gratin. Ajoutez la poêlée de légumes, les fromages et enfournez pour 10 min, le temps que ça gratine bien.

3

Dégustez avec une salade de mâche.

VARIANTE
Pour un goût fumé, vous pouvez ajouter à la poêlée un bloc de tofu fumé coupé en dés.

Les légumes d'automne et d'hiver

Zoom sur les grands classiques

BLETTES

Les blettes, ou bettes, de leur nom scientifique *beta vulgaris var*. Cicla, appartiennent à la famille des chénopodiacées. Elles se font également appeler côtes de bette, poirées ou jouttes. Originaire du bassin méditerranéen, c'est une plante potagère, cousine de la betterave. Ses larges feuilles, plus ou moins vertes et aux côtes épaisses sont consommées comme légumes.

LES DIFFÉRENTES VARIÉTÉS

Il existe de nombreuses variétés de blettes, différenciables par leurs couleurs vives et contrastées. Parfois très esthétiques, elles sont aussi utilisées comme plante ornementale. Parmi les variétés les plus fréquemment rencontrées, il est possible de distinguer :
- les variétés à feuilles comme la Bette-épinard, la Poirée verte à couper ainsi que la Blette blonde commune ;
- les variétés à cardes comme la Blette blanche commune, la Blette blonde à cardes blanches de Lyon, la Blette verte à cardes blanches de Paris ainsi que les Blettes à cardes rouges, roses, orange ou jaunes qui sont plus rares mais dont les côtes sont plus parfumées.

BIEN CHOISIR LES BLETTES

Les blettes doivent être choisies avec des feuilles très colorées, souples, fermes et luisantes. Les espèces présentant des feuilles flétries doivent être évitées. Sélectionnez les blettes avec des côtes souples et cassantes. Si des taches brunes apparaissent à leur base, cela signifie qu'elles n'ont pas été cueillies récemment, donc ignorez-les.

LES MODES DE CONSERVATION

Les blettes fraîches se conservent très bien pendant 2 à 3 jours, enveloppées dans un torchon humide et bien serré aux extrémités et placées dans le bac à légumes du réfrigérateur. Elles ont tendance à se conserver davantage en botte qu'en feuilles individuelles. La congélation est possible. Une fois rincées et séchées, séparez les feuilles des côtes, puis hachez-les ou non avant de les placer dans un récipient adapté. Il est également possible de les blanchir avant de les congeler.

PRÉPARER LES BLETTES

Rincez les feuilles et les côtes afin d'en retirer le sable ou la terre, puis coupez les extrémités noircies. En fonction de la recette choisie, séparez les feuilles des côtes en éliminant les parties abîmées. Cassez la base des côtes : si elles paraissent filandreuses, retirez les plus grosses fibres en les tirant vers le haut à l'aide d'un couteau. Si les blettes sont jeunes, cette étape n'est pas nécessaire car les fibres sont alors fines et digestes.

CUISINER ET MARIER CE LÉGUME

Les côtes et les feuilles de blettes se consomment aussi bien crues que cuites. Crues, elles peuvent être servies dans des salades, elles les relèvent par leur goût prononcé. Cuites, elles se préparent en gratins, en poêlées et en galettes. Les blettes se cuisinent aussi très bien dans des farcis, des pâtes, des risottos, des soupes ainsi que dans des tartes. L'ail, les oignons et les poireaux, sont leurs meilleurs alliés. En accompagnement, elles seront idéales avec de la charcuterie, un plat de viande (canard ou porc), ou encore avec des saucisses et des lardons. Les blettes s'associent aussi très bien aux fruits comme les pommes, les poires et les fruits secs. Elles sont également très appréciées avec des fromages comme le roquefort, le parmesan ou encore la brousse.

LES MEILLEURS MOIS POUR LES CONSOMMER

La meilleure saison pour consommer les blettes s'étend de la fin du mois de juillet à la fin du mois de novembre.

LES VERTUS DES BLETTES

Les blettes sont peu caloriques, diurétiques et légèrement laxatives. Riches en eau, elles contiennent des minéraux intéressants comme le fer et le calcium. Plus les feuilles sont foncées, plus ces minéraux sont présents. Associées à la viande, les blettes permettent, grâce à leur forte contenance en vitamine C, de bien assimiler le fer.

CAROTTE

La carotte, dont le scientifique est *daucus carota*, est une plante biannuelle de la famille des apiacées. Originaire du Moyen Orient et d'Asie Mineure, la carotte est à la fois le nom de la plante potagère et celui de la racine que l'on consomme crue ou cuite. Largement cultivé, ce légume est généralement de couleur orange.

LES DIFFÉRENTES VARIÉTÉS

Plus de 500 variétés de carottes ont été recensées au Catalogue Européen des Espèces et Variétés. Les principales variétés cultivées sont de taille, de forme et de couleur différentes. Parmi les plus commercialisées, il est possible de distinguer :
- la carotte Parmex, de type grelot, à la chair rouge et dépourvue de cœur, idéale pour décorer et accompagner un plat ;
- la carotte Nantaise Slendero, longue, lisse et très régulière, à la chair juteuse et reconnue pour ses qualités gustatives ;
- la carotte Chantenay, semi-longue et plus volumineuse, reconnue pour sa longue conservation ;
- la carotte de la Halle, récoltée tardivement, semi-longue et très colorée, se conservant très bien et idéale pour les confitures et les marmelades.

BIEN CHOISIR LES CAROTTES

Les carottes primeurs, ou nouvelles, doivent être choisies d'une couleur intense, avec des feuilles vertes et non flétries, un gage de fraîcheur. Pour les carottes de conservation, commercialisées tout au long de l'hiver, il est préférable d'en choisir avec des extrémités bien fermes et ne présentant pas de radicelles blanches, ce qui indiquerait une carotte âgée, peut-être fibreuse.

LES MODES DE CONSERVATION

Les carottes primeurs sont les plus fragiles et peuvent se conserver pendant 2 jours dans le bac à légumes du réfrigérateur.
Les carottes de conservation peuvent se garder facilement une semaine. Entreposées dans du sable et placées dans un endroit frais, sec, aéré et à l'abri de la lumière, elles se conserveront encore plus longtemps.
Elles se congèlent très bien une fois blanchies pendant 3 min dans de l'eau bouillante.

PRÉPARER LES CAROTTES

Si les carottes ne sont pas traitées, il est préférable de les gratter, plutôt que de les éplucher, car leurs vitamines se trouvent juste sous leur peau. Après les avoir lavées sous un filet d'eau, elles se détaillent en rondelles, en julienne, en brunoise, etc. Si vous les servez râpées, ajoutez un filet de jus de citron pour éviter qu'elles ne noircissent et assaisonnez-les au dernier moment.

CUISINER ET MARIER CE LÉGUME

Les carottes nouvelles sont délicieuses cuisinées à la crème, avec des fines herbes, Vichy, ou en jardinière. Elles apportent toutes leurs saveurs aux potages, purées, tartes et potées. Très appréciées en garnitures de plats mijotés, elles accompagnent parfaitement les viandes blanches. Leurs fanes sont aussi idéales pour aromatiser les soupes. Préparées sucrées, en gâteaux, les carottes font aussi de délicieux desserts. Centrifugées, elles donnent d'excellents jus avec de la pomme, du raisin et de la mangue !

LES MEILLEURS MOIS POUR LA CONSOMMER

Il est possible de trouver des carottes tout au long de l'année selon les variétés : les carottes nouvelles en avril, les Nantaises en mai et en juin, les variétés longues et mi-longues de juin à octobre et d'octobre à mars pour les carottes de conservation.

LES VERTUS DE LA CAROTTE

La carotte est une grande source de provitamine A, ou carotène, un puissant antioxydant. Plus elle est colorée, plus sa teneur en carotène est importante. Son apport énergétique est modéré et elle contient également un peu de vitamine C. Crue, elle facilite le transit intestinal mais, paradoxalement, en soupe ou en purée, elle possède un fort pouvoir de rétention d'eau.

CÉLERI-RAVE

Le céleri-rave, dont le nom scientifique est *apium graveolens rav.rapaceum*, est une plante potagère herbacée bisannuelle appartenant à la famille des apiacées (ou ombellifères). Originaire du bassin méditerranéen, il est considéré comme un légume racine : seule la base renflée formant une grosse boule, appelée « la pomme », est consommée. Il s'agit d'un des légumes les plus anciennement consommés dans la vieille Europe.

LES DIFFÉRENTES VARIÉTÉS

Parmi les différentes variétés de céleri-rave, on peut distinguer le céleri précoce du céleri d'automne. Parmi les variétés précoces, on peut citer l'Alba, l'Ajax, le Blanc de Rueil, le Géant Danois et l'Ofir. Ils sont souvent reconnaissables à leur pomme très ronde et dense.

Le céleri d'automne, dit de saison, se présente avec une pomme plus grosse. Le Cobra, le Diamant, le Mentor, le Monarch, le Névé et le Niva en sont les principales variétés.

BIEN CHOISIR LE CÉLERI-RAVE

Le céleri-rave doit être choisi lourd et ferme. Formant une belle boule, il ne doit pas être taché : ni de brun, ni de jaune. Enfin, sa chair étant très dense et ferme, le céleri-rave frais ne doit pas sonner creux. Il est généralement vendu sans ses feuilles et radicelles, mais pendant la saison de récolte, il est possible de le trouver dans son entier.

LES MODES DE CONSERVATION

Le céleri-rave se conserve bien 10 jours, placé dans le bac à légumes du réfrigérateur. Afin que son odeur ne se répande pas, enveloppez-le dans un linge ou dans un sac plastique. Enfoui dans du sable et dans un endroit frais, sombre et aéré, il se conserve pendant plusieurs semaines. Une fois cuit, il est possible de congeler ce légume.

PRÉPARER LE CÉLERI-RAVE

À l'aide d'un économe ou d'un couteau d'office, enlevez la peau, puis retirez les yeux. Attention, sa peau étant parfois épaisse, le céleri-rave peut être difficile à peler. Lavez le céleri-rave épluché et frottez-le avec une rondelle de citron pour éviter qu'il ne noircisse. Ensuite, cuisinez-le de la façon de votre choix.

CUISINER ET MARIER CE LÉGUME

Le céleri-rave peut se servir aussi bien cru que cuit. Cuit, il sera plus doux ! Sa cuisson peut être faite à la vapeur, dans de l'eau bouillante ou à l'étouffée. Préparé en purée, en gratin, en potage, en frites ou en ragoût, il accompagne savoureusement des plats de viande.

Une fois râpé finement pour le rendre plus digeste, il est possible de le servir cru, en rémoulade, avec une mayonnaise relevée de moutarde, pour équilibrer son goût piquant et prononcé.

LES MEILLEURS MOIS POUR LE CONSOMMER

Pour déguster le meilleur céleri-rave, préférez les mois de septembre, d'octobre et de novembre.

LES VERTUS DU CÉLERI-RAVE

Figurant parmi les légumes les moins caloriques, le céleri-rave est aussi léger que l'aubergine. Sa densité minérale est son principal atout. En effet, il renferme d'importantes quantités de potassium ainsi qu'un bel apport en calcium, fer, phosphore, magnésium, cuivre, sélénium et manganèse. Contenant 5 % de fibres, il stimule aussi le transit intestinal. Attention, le céleri-rave a une teneur élevée en sodium, en cas de régime hyposodé strict, mieux vaut éviter d'en consommer !

CHOU-FLEUR

Le chou-fleur, dont le nom scientifique est *brassica oleacera, var.botrytis*, est une plante herbacée bisannuelle de la famille des brassicacées. Sans doute originaire du Proche-Orient, il s'agit d'une variété du chou commun, issue de plusieurs siècles de sélection. Le chou-fleur produit une boule, blanche le plus souvent, tendre et compacte. Elle est récoltée avant que la plante ne passe au stade de la floraison, sans quoi elle ne peut être consommée.

LES DIFFÉRENTES VARIÉTÉS

Le chou-fleur traditionnel est blanc, mais depuis quelques temps, apparaissent sur les marchés des choux-fleurs verts, jaunes ou violets. Les différentes variétés sont le plus souvent classées par saison de production. Parmi les légumes d'automne et d'hiver, se distinguent le chou romanesco, le chou-fleur géant d'Automne, le chou-fleur Merveilles de toutes, le chou-fleur vert de Macerata et le chou-fleur violet de Sicile. Ils sont présentés sur nos étals de différentes manières : couronnés, demi-couronnés ou encore effeuillés. Les moins feuillus sont plus faciles à cuisiner, car ils sont déjà un peu préparés; mais les plus feuillus se conservent plus longtemps.

BIEN CHOISIR LE CHOU-FLEUR

Le chou-fleur se choisit ferme, compact et d'une belle couleur uniforme, ceux présentant des taches brunes doivent être laissés de côté. Idéalement, les inflorescences, appelées aussi florettes, doivent avoir un grain fin et serré. Il est recommandé de vérifier l'aspect des feuilles entourant la pomme car elles sont un gage de fraîcheur. Attention, il ne faut jamais acheter un chou-fleur commençant à fleurir.

LES MODES DE CONSERVATION

Le chou-fleur se conserve pendant 2 à 3 jours, placé dans le bac à légumes du réfrigérateur. Il est préférable de lui laisser sa couronne de feuilles protectrices, sa fraîcheur sera mieux préservée. Autrement, il peut être enveloppé dans un linge humide. Il peut se congeler. Après avoir blanchi les bouquets quelques minutes dans de l'eau bouillante salée, égouttez-les soigneusement, puis mettez en sachets. Ils peuvent alors se garder jusqu'à 6 mois. Enfin, conservé dans du vinaigre, le chou-fleur peut se transformer en pickles.

PRÉPARER LE CHOU-FLEUR

Après avoir séparé la pomme en petits bouquets, il est recommandé de les faire blanchir quelques minutes afin de faciliter la digestion. Une fois blanchis, les bouquets peuvent être cuits à la vapeur, à la casserole ou encore au four. Quel que soit le mode de cuisson, il est toujours préférable de ne pas faire cuire le chou-fleur trop longtemps car la production d'hydrogène sulfuré augmente pendant la cuisson et complique la digestion.

CUISINER ET MARIER CE LÉGUME

Le chou-fleur se consomme aussi bien cru que cuit. Cru, il est très apprécié lors des apéritifs, accompagné d'une sauce de type tapenade, aïoli ou encore d'une mayonnaise. Il peut aussi être servi en salade avec une simple vinaigrette, du céleri et des betteraves. Cuit, le chou-fleur est délicieux sous forme de gratin, de flan, de mousse ou purée. Il permet aussi de réaliser de savoureux beignets. Les feuilles enveloppant la pomme peuvent aussi se consommer en soupe et en potage, à condition de ne conserver que les plus petites.

LES MEILLEURS MOIS POUR LE CONSOMMER

Le chou-fleur est disponible sur les étals tout au long de l'année, mais sa meilleure période commence au mois d'octobre et se termine à la fin du mois de mars.

LES VERTUS DU CHOU-FLEUR

Le chou-fleur est riche en fibres douces, utiles au bon transit intestinal. Cependant le soufre contenu dans ce légume peut être indigeste s'il est mal cuit. Source d'oligoéléments, il a d'importantes propriétés antibactériennes et désintoxicantes. Bien pourvu en vitamine B, nécessaire à la multiplication des cellules et à leur renouvellement, il l'est aussi en vitamine C, appréciable en hiver.

CHOU FRISÉ

Le chou frisé dont le nom scientifique est *brassica oleracea var. Sabellica*, se fait aussi appeler kale, borécole, chou vert, chou d'aigrette, chou frangé ou encore chou lacinié. C'est une plante potagère issue de la famille des brassicacées et, contrairement aux autres plantes de la famille des choux, ses longues feuilles poussent indépendamment les unes des autres, sans former de pomme. C'est pour cette raison qu'on le trouve sous forme de botte.

LES DIFFÉRENTES VARIÉTÉS

Parmi les nombreuses variétés de choux frisés, il est possible de distinguer :
- le Lucinato aux feuilles bleutées, rugueuses et non frisées ;
- le Red Monarch aux feuilles violettes aux nervures de la même couleur et très frisées ;
- le Blue Schot aux feuilles de couleur vert foncé voire bleuté, également très frisées ;
- le Red Russian aux feuilles lisses, dentelées avec une veine centrale violette.
On trouve aussi le Noir de Toscane, le Westland winter, le Chou cavalier et bien d'autres.

BIEN CHOISIR LE CHOU FRISÉ

Le chou frisé se présente en grosse botte contenant quelques grandes feuilles et quelques feuilles plus petites à l'intérieur. Elles doivent être fermes et droites, ne pas plier sous leur propre poids et n'avoir ni tache, ni meurtrissure. D'une belle couleur, la nervure centrale doit être cassante ; témoin de la fraîcheur du chou, elle indique que le chou se conservera plus longtemps. Les choux frisés les plus vieux ont tendance à jaunir.

LES MODES DE CONSERVATION

Détachez le lien de la botte afin de laisser l'air circuler entre les feuilles. Après avoir disposé les feuilles dans un sac de papier kraft ou dans un torchon humide, le chou peut être entreposé dans la partie la plus froide du réfrigérateur. En conservant la nervure centrale de la feuille, le chou frisé se garde pendant une bonne semaine sans que sa texture ne s'altère. Une fois cuit, le chou frisé se conserve quelques jours, au frais, dans un contenant hermétique.

PRÉPARER LE CHOU FRISÉ

Le chou frisé peut se consommer aussi bien cru que cuit. Les feuilles intérieures de la botte sont plus tendres et moins matures, ce qui les destine à être mangées crues. Les feuilles extérieures, plus fibreuses, sont, quant à elles, meilleures cuites. Après avoir bien rincé les feuilles, retirez la nervure centrale et filandreuse à l'aide d'une paire de ciseaux ou d'un couteau. Elles pourront ensuite être hachées ou non, en fonction de la recette choisie. Pour une consommation crue du chou, il est fortement conseillé d'émincer très finement les feuilles car elles peuvent s'avérer assez coriaces.

CUISINER ET MARIER CE LÉGUME

Le chou frisé se marie merveilleusement avec les pommes de terre, les carottes, les betteraves, les oignons, les poireaux, les navets, les courges et les champignons. Il est très apprécié dans les plats de pâtes, les omelettes, les soupes, les potées, le pot-au-feu. Il est également délicieux sauté, accompagné d'autres légumes ou non, et relevé d'un peu d'ail et d'huile. C'est aussi un parfait accompagnement pour les grillades et les viandes fumées. Cru, il se marie savoureusement à l'avocat, aux agrumes, au miso et au sésame. Il permet de composer des salades gourmandes et nutritives. Certains plats traditionnels sont préparés avec du chou frisé : le caldo verde portugais, une soupe à base de pommes de terre et de feuilles de chou émincées, souvent servie avec du chorizo ; et le colcannon irlandais, une purée de pommes de terre agrémentée de chou frisé émincé, souvent servie à Halloween.

LES MEILLEURS MOIS POUR LE CONSOMMER

La meilleure période pour consommer le chou frisé court du mois de septembre au mois de décembre.

LES VERTUS DU CHOU FRISÉ

La principale vertu du chou frisé est sa forte contenance en vitamines : une portion de ce légume fournit la totalité de l'apport quotidien recommandé en vitamine A. Aussi riche en minéraux (calcium, fer et manganèse), il l'est également en fibres et contient d'importants antioxydants.

POIREAU

Le poireau cultivé, du nom scientifique *allium porrum*, appartient à la famille des alliacées. Originaire du Proche-Orient, c'est une plante herbacée bisannuelle largement cultivée comme plante potagère pour ses feuilles engainantes et sa partie souterraine blanche et tendre. Aussi appelée porreau, poirée, poirette ou encore asperge du pauvre, elle est consommée comme légume.

LES DIFFÉRENTES VARIÉTÉS

Il existe de nombreuses variétés de poireaux qu'il est possible de diviser en deux grandes familles. Les poireaux primeurs, récoltés entre le mois de mai et le début du mois de juillet, sont facilement reconnaissables car ils sont fins et de petite taille. Lorsqu'ils présentent un tronc court, leur feuillage est vert bleuté. Avec un tronc plus large, leur feuillage est très clair. Leur texture est tendre et fondante et leur saveur douce et légèrement sucrée.

Les poireaux d'automne et d'hiver, récoltés dès le mois d'octobre et jusqu'aux premières gelées, sont d'un calibre plus gros, avec un feuillage bien coloré. Parmi les poireaux d'automne et d'hiver, il est possible de distinguer : Le Géant d'hiver vert foncé, le poireau de Mézières vert bleu et le poireau de Solaise bleu franc.

BIEN CHOISIR LES POIREAUX

Choisissez des poireaux aux tiges droites, charnues, fermes et d'un blanc brillant. Sans tache brune, leurs feuilles devront être bien vertes et leurs racines fraîches et terreuses. Le cœur blanc est savoureux et plus on s'en éloigne, plus il devient ferme, amer et piquant.

LES MODES DE CONSERVATION

Les poireaux frais peuvent se garder tels quels, pendant 10 jours, placés dans le bac à légumes du réfrigérateur. Attention, plus les poireaux attendent, plus ils durcissent et deviennent fibreux. Lavés et taillés en rondelles, ils ne se conserveront que pendant 5 à 6 jours. Cuits, ils peuvent se conserver 2 jours dans un récipient hermétique. Les poireaux supportent très bien la congélation ; pour cela il suffit de les tailler en rondelles, de les blanchir, puis les plonger très rapidement dans de l'eau glacée. Une fois séchés, ils peuvent se conserver pendant 6 mois dans des sacs congélation.

PRÉPARER LES POIREAUX

Coupez les racines et la base, puis brossez le reste du poireau. Après avoir sectionné le reste de la tige jusqu'au départ du feuillage, lavez-le à l'eau froide. Il arrive que le poireau fasse pleurer lorsqu'on le coupe cru, c'est pourquoi il est souvent conseillé d'effectuer cette étape sous un filet d'eau.

CUISINER ET MARIER CE LÉGUME

Les poireaux peuvent se servir aussi bien crus que cuits. Ils sont très appréciés lorsqu'ils sont accompagnés d'autres légumes et incorporés dans des soupes, tartes, tourtes, gratins ou quiches. Ils se marient aussi très bien aux poissons à chair fine comme le bar, le turbot, la sole, le cabillaud mais aussi les coquilles Saint-Jacques et les pétoncles. Concernant les viandes, les poireaux accompagnent particulièrement bien les chairs blanches et les viandes bouillies. Attention à ne pas laisser les poireaux trop se colorer à feu vif car leur goût peut devenir amer. Si vous souhaitez les servir crus, il est fortement conseillé de les émincer très finement et de les mélanger à d'autres crudités en y ajoutant un peu de sucre pour adoucir leur côté piquant.

LES MEILLEURS MOIS POUR LE CONSOMMER

La meilleure période pour savourer les poireaux court du mois de septembre au mois de mars.

LES VERTUS DU POIREAU

Le poireau est peu calorique et à la fois riche en vitamines et minéraux. Source de pro-vitamine A, de vitamines C et E, c'est un très bon antioxydant permettant de protéger les cellules. Ses glucides spécifiques, les fructosanes, et son rapport en potassium et en sodium élevé, lui confèrent de réelles propriétés diurétiques. Sous forme de bouillon, il est aussi réputé pour faciliter l'élimination rénale.

POTIMARRON

Le potimarron est une variété de potiron, du nom scientifique *cucurbita maxima*. Il serait d'origine japonaise où il est appelé kabocha. Sa forme et son goût lui ont valu le surnom de courge châtaigne mais il se fait aussi appelé potiron doux d'Hokkaïdo. Appartenant à la famille des cucurbitacées, cette plante rampante avec des tiges pouvant mesurer jusqu'à 3 m de long, porte de nombreux fruits lourds et piriformes. Leur couleur varie du rouge au rouge brique, au rose, en passant par le bronze ou le vert ; leur chair est jaune et farineuse.

LES DIFFÉRENTES VARIÉTÉS

Parmi les différentes variétés de potimarron, il est possible de distinguer :
- le Red Kuri le plus courant, à la peau rouge brique et à la chair jaune orangé ;
- le Blue Kuri à la peau bleutée et à la chair jaune orangé ;
- le Chestnut Bush à la peau gris ardoise et à la chair jaune orangé ;
- le Galeux d'Eysines, variété ancienne portant des excroissances liégeuses, avec la peau rose et la chair jaune ;
- le Golden Delicious à la peau jaune et à la chair jaune orangé ;
- le F1 Bonbon de forme ronde, avec la peau vert foncé et la chair jaune orangé ;
- le F1 Tex 2110 de petite taille et à la peau orange.

BIEN CHOISIR LE POTIMARRON

Entier, le potimarron se choisit lourd, dur et avec une peau sans tache. Vendu en tranches, la chair doit être d'une belle couleur uniforme, sans aucune trace brune et très ferme.

LES MODES DE CONSERVATION

Entier, le potimarron peut se conserver pendant plusieurs mois dans un endroit frais, sec et bien aéré. À température ambiante, il peut se conserver pendant plusieurs semaines. Vendu tranché, il est préférable de le consommer le plus rapidement possible après son achat car il ne supporte que peu de temps le réfrigérateur : il pourra y être entreposé pendant 48 h au maximum. À savoir : ses teneurs en vitamines et en sucre augmentent avec le temps de stockage.
Une fois détaillé en petits morceaux, le potimarron supporte aussi très bien la congélation.

PRÉPARER LE POTIMARRON

Le potimarron est plus facile à préparer qu'une citrouille car il n'est pas nécessaire de l'éplucher. Après l'avoir lavé à l'eau courante et frotté pour enlever toute la terre, coupez-le en deux, ou en quatre, puis enlevez les graines à l'aide d'une cuillère.
L'odeur des graines peut être surprenante !
Enfin, le potimarron peut être détaillé de multiples façons : entier, en cubes, écrasé ou en lamelles.

CUISINER ET MARIER CE LÉGUME

Sa chair orangée, très fine et légèrement sucrée, rappelle la saveur de la purée de châtaignes. Il peut être utilisé dans des plats aussi bien sucrés que salés et il se marie très bien avec certaines épices comme le curry, la muscade et la cannelle ou encore avec l'ail et le gingembre.
Le potimarron est très apprécié en potage, cuit au four, en purées, en cubes, frit ou même en tourtes. Il accompagne bien le foie de veau, les œufs et le fromage de chèvre. En dessert, il se transforme en délicieux gâteaux, flans et même en une confiture très parfumée.

LES MEILLEURS MOIS POUR LE CONSOMMER

Le potimarron se trouve sur nos étals du mois de septembre au mois de mars. Mais sa production est particulièrement importante au mois de novembre.

LES VERTUS DU POTIMARRON

Contrairement à ce que l'on pourrait penser, le potimarron est un légume assez peu calorique. Ses fibres stimulent doucement le transit intestinal et son taux record en provitamine A, deux fois plus que la carotte, est particulièrement recommandé pour la santé de la peau. Le potimarron est également une bonne source de vitamines C, D et E, ainsi que de minéraux et d'oligoéléments.

Préparation : 25 min   **Cuisson :** 15 min

QUENELLES
SAUCE CHAMPIGNONS

Pour 3 personnes
6 quenelles nature
1 échalote
1 gousse d'ail
200 g de mélange forestier surgelé
150 g de champignons de Paris surgelés
½ pot de crème fraîche épaisse
4 cuil. à soupe de crème liquide
50 g de gruyère râpé
1 cuil. à soupe d'huile d'olive

MATÉRIEL
Plat à gratin

1

Préchauffez le four à 180 °C (th. 6). Pelez et émincez l'échalote et l'ail. Faites décongeler les champignons.

2

Dans une poêle, faites chauffer l'huile d'olive puis faites revenir l'échalote et l'ail. Ajoutez les champignons, laissez cuire jusqu'à ce que toute l'eau soit absorbée. Ajoutez alors la crème fraîche épaisse et laissez mijoter à feu doux pendant 5 min.

3

Dans le plat à gratin, disposez les quenelles, versez la sauce aux champignons, la crème liquide et parsemez de fromage râpé. Enfournez pour 15 min de cuisson.

4

Servez chaud avec des pâtes.

Préparation : 10 min **Cuisson :** 3 min

CROQUE-MONSIEUR VERT

Pour 4 personnes
8 tranches de pain de mie
1 bouquet de basilic
2 gousses d'ail
1 poignée d'amandes entières
1 avocat
8 feuilles de laitue
2 poignées de roquette
2 tomates green zebra (ou, à défaut, une autre variété)
3 cuil. à soupe d'huile d'olive
1 pincée de sel

1

Rincez le basilic et prélevez les feuilles. Déposez-les dans le bol d'un mixeur. Épluchez les gousses d'ail, dégermez-les et ajoutez-les dans le mixeur avec les amandes entières, l'huile d'olive et le sel. Mixez pour obtenir une pâte onctueuse.

2

Répartissez cette préparation sur les tranches de pain de mie.

3

Épluchez l'avocat, ôtez le noyau et coupez sa chair en lamelles. Répartissez-les sur 4 tranches de pain de mie. Ajoutez par-dessus 2 feuilles de laitue dont vous aurez pris soin de retirer la nervure centrale.

4

Répartissez la roquette par-dessus et enfin les tomates lavées et coupées en rondelles. Fermez les croque-monsieur avec les tranches de pain de mie restantes.

5

Faites chauffer l'appareil à croque-monsieur. Faites cuire 3 min par croque-monsieur et servez aussitôt.

ASTUCE
Pas de basilic sous la main ? Optez pour du persil plat, de la coriandre ou encore des pousses d'épinards.

Préparation : 15 min   **Cuisson :** 1 h

MINESTRONE PAYSAN

Pour 4 personnes
1 oignon
300 g de cocos de Paimpol écossés
3 brins de thym
2 feuilles de laurier-sauce
2 cubes de bouillon de légumes
3 cuil. à soupe de concentré de tomates
2 carottes
2 branches de céleri
1 courgette
1 gousse d'ail
100 g de riz rond semi-complet
3 cuil. à soupe d'huile d'olive
Sel

1
Épluchez l'oignon et hachez-le. Faites-le suer dans une cocotte avec l'huile d'olive. Ajoutez les cocos de Paimpol et mélangez.

2
Ajoutez le thym, les feuilles de laurier et les cubes de bouillon de légumes. Recouvrez les cocos de Paimpol de 3 fois leur volume d'eau. Ajoutez le concentré de tomates, mélangez et laissez cuire à feu moyen 40 min.

3
Pendant ce temps, épluchez les carottes et coupez-les en petits dés. Lavez les branches de céleri et coupez-les en fines lamelles. Lavez la courgette et coupez-la en petits dés également. Réservez.

4
Épluchez la gousse d'ail et pressez-la dans la cocotte, ajoutez le riz et les légumes. Ajoutez de l'eau pour bien recouvrir le riz et les légumes. Laissez encore cuire 20 min avant de servir.

ASTUCE
À la place du riz, vous pouvez utiliser des petites pâtes ou du vermicelle.

Niveau FACILE

Préparation : 25 min **Cuisson :** 30 min

CHOU CHINOIS
SAUTÉ AU WOK

Pour 4 personnes
1 chou chinois
5 oignons nouveaux
2 cm de gingembre frais
2 gousses d'ail
2 cuil. à soupe de graines de sésame
2 cuil. à soupe d'huile d'arachide ou de tournesol
1 cuil. à soupe d'huile de sésame
1 pincée de piment de Cayenne en poudre
3 cuil. à soupe de sauce soja
1 cuil. à soupe de sauce nuoc-mâm
½ cuil. à soupe de cassonade
Sel, poivre

MATÉRIEL
Râpe à légumes

1
Nettoyez le chou et coupez-le en lanières. Épluchez et émincez finement les oignons nouveaux. Pelez et râpez le gingembre. Épluchez et hachez les gousses d'ail, après avoir enlevé le germe.

2
Faites chauffer le wok et faites dorer les graines de sésame à sec 1 à 2 min. Réservez.

3
Faites chauffer l'huile d'arachide et l'huile de sésame dans le wok. Faites revenir les oignons nouveaux avec le gingembre, l'ail et le piment pendant 2 min à feu vif, sans cesser de remuer. Ajoutez le chou et faites-le sauter pendant 5 min à feu vif en mélangeant régulièrement. Versez la sauce soja, la sauce nuoc-mâm et la cassonade. Baissez le feu et laissez mijoter pendant 15 à 20 min, jusqu'à ce que le chou soit bien tendre.

4
Rectifiez l'assaisonnement et saupoudrez de graines de sésame grillées. Servez immédiatement en plat ou en accompagnement d'un poisson ou d'une viande blanche.

Préparation : 15 min **Cuisson :** 20 min

WOK DE COURGETTE
AU TOFU

Pour 4 personnes
8 petites courgettes
200 g de tofu fumé
2 oignons
6 cuil. à soupe de concentré de tomates
2 gousses d'ail
2 cuil. à soupe de tamari
1 cuil. à café de gingembre en poudre
4 cuil. à soupe d'huile d'olive
Sel

1

Lavez les courgettes et coupez-les en dés. Épluchez les oignons et hachez-les grossièrement.

2

Dans un wok, faites chauffer l'huile d'olive. Faites revenir les oignons jusqu'à ce qu'ils soient transparents. Ajoutez alors les dés de courgettes.

3

Ajoutez le concentré de tomates et mélangez. Épluchez les gousses d'ail, pressez-les et ajoutez-les.

4

Coupez le tofu en petits morceaux et ajoutez-les dans le wok.

5

Enfin, ajoutez le tamari et le gingembre en poudre. Rectifiez l'assaisonnement si besoin, le tamari contient déjà du sel. Servez aussitôt.

ASTUCE
Vous pouvez aussi préparer cette recette avec des aubergines à la place des courgettes.

Préparation : 20 min   **Cuisson :** 28 min

STEAK DE LENTILLES
ET TOMATES À LA PROVENÇALE

Pour 4 personnes

Pour les steaks de lentilles
200 g de lentilles vertes cuites
1 oignon
1 cuil. à soupe de fécule de maïs
1 cuil. à soupe de purée de noix de cajou
1 gousse d'ail
1 cuil. à café de curcuma en poudre
4 cuil. à soupe d'huile de sésame grillé
Sel et poivre noir

Pour les tomates à la provençale
4 tomates
8 brins de persil plat
1 cuil. à café d'origan
2 gousses d'ail
2 cuil. à soupe de chapelure
2 cuil. à soupe d'huile d'olive
Sel

MATÉRIEL
Mixeur

1

Préparez les steaks. Épluchez l'oignon et hachez-le. Dans une poêle, faites chauffer la moitié de l'huile de sésame grillé et faites-y suer l'oignon haché.

2

Déposez l'oignon cuit dans le bol d'un mixeur et ajoutez les lentilles vertes, la fécule de maïs, la purée de noix de cajou, la gousse l'ail épluchée et dégermée, et le curcuma. Salez, poivrez et mixez le tout. Façonnez 4 steaks de même taille et faites-les cuire à la poêle dans le reste d'huile de sésame, 4 min de chaque côté.

3

Préchauffez le four à 200 °C (th. 7).

4

Pendant ce temps, coupez les tomates dans le sens de la largeur et déposez-les, face tranchée dessus, dans un plat allant au four. Hachez les feuilles de persil et répartissez-les sur les tomates, saupoudrez d'origan et d'un peu de sel. Enfin, ajoutez les gousses d'ail épluchées et hachées, puis la chapelure. Arrosez d'huile d'olive et enfournez pour 30 min de cuisson.

5

Réchauffez les steaks de lentilles au moment de servir.

Préparation : 20 min   **Cuisson :** 10 min

SPAGHETTIS
QUASI CARBONARA

Pour 4 personnes
350 g de spaghettis
1 oignon
125 g de tofu fumé
25 cl de crème de soja
1 cuil. à soupe de levure maltée
1 cuil. à soupe de poudre d'amandes
3 cuil. à soupe d'huile d'olive
1 cuil. à soupe de gros sel
Sel aux herbes
Poivre

1
Faites chauffer un grand volume d'eau additionnée de gros sel pour faire cuire les spaghettis comme indiqué sur le paquet.

2
Pendant ce temps, épluchez l'oignon, hachez-le et faites-le cuire dans une poêle avec l'huile d'olive. Mélangez bien, il doit devenir translucide.

3
Coupez le tofu fumé en petits rectangles et ajoutez-le. Salez, poivrez et versez la crème de soja. Laissez cuire 5 min puis versez sur les spaghettis égouttés. Mélangez.

4
Mélangez la levure et la poudre d'amandes, répartissez sur les assiettes et servez aussitôt.

Préparation : 20 min **Cuisson :** 1 h 15

COURGE SPAGHETTI
À LA BOLOGNAISE

Pour 4 personnes
1 courge spaghetti
1 oignon
2 gousses d'ail
100 g de protéines de soja texturées hachées
15 cl de vin blanc sec
30 cl de coulis de tomates
½ bouquet de basilic
½ bouquet de persil plat
5 cuil. à soupe d'huile d'olive
Sel et poivre

1
Dans une cocotte, faites cuire la courge spaghetti entière dans un grand volume d'eau frémissante pendant 50 min. Laissez-la refroidir avant de la couper en deux dans le sens de la longueur.

2
Ôtez les graines et, à l'aide d'une fourchette, prélevez les spaghettis de courge en grattant la chair. Réservez.

3
Épluchez l'oignon et hachez-le. Dans une poêle, faites chauffer l'huile d'olive et ajoutez l'oignon haché. Épluchez les gousses d'ail et pressez-les dans la poêle. Ajoutez les protéines de soja et mouillez-les avec le vin blanc.

4
Une fois le vin blanc absorbé, ajoutez le coulis de tomates, salez, poivrez et laissez réduire.

5
Pendant ce temps, rincez le basilic et le persil, prélevez les feuilles et hachez-les puis incorporez-les à la sauce bolognaise. Versez la sauce sur les spaghettis de courge, mélangez et servez.

ASTUCE
Vous pouvez aussi utiliser cette sauce avec des spaghettis classiques.

Préparation : 30 min **Cuisson :** 50 min

HACHIS PARMENTIER
AU SOJA

Pour 6 personnes
800 g de pommes de terre à purée
2 cl de crème de soja
100 g de protéines de soja texturées hachées
10 cl de vin blanc sec
2 oignons jaunes
2 gousses d'ail
3 cuil. à soupe de concentré de tomates
1 carotte
50 g de poudre d'amandes
4 cuil. à soupe d'huile d'olive
Sel et poivre

1

Déposez les pommes de terre dans un grand volume d'eau. Portez à ébullition et laissez cuire 20 min. Égouttez et ôtez la peau. Écrasez les pommes de terre avec la crème de soja et salez.

2

Préchauffez le four à 180 °C (th. 6).

3

Dans une poêle, faites chauffer l'huile d'olive. Ajoutez les protéines de soja et mouillez-les avec le vin blanc sec et 25 cl d'eau. Laissez cuire à feu doux.

4

Épluchez les oignons, hachez-les finement et ajoutez-les. Pelez les gousses d'ail et pressez-les dans la poêle.

5

Ajoutez le concentré de tomates et mélangez bien. Épluchez la carotte, râpez-la et ajoutez-la. Salez et poivrez.

6

Une fois que l'eau est évaporée, versez la préparation dans un plat à gratin. Ajoutez les pommes de terre écrasées et saupoudrez de poudre d'amandes.

7

Enfournez pour 20 min de cuisson et dégustez chaud.

Préparation : 20 min **Repos :** 15 min
Cuisson : 20 min

NUGGETS
DE POIS CHICHES ET PURÉE DE PATATES DOUCES

Pour 4 personnes

Pour les nuggets
60 g de farine de pois chiches
2 cubes de bouillon aux légumes
12 médaillons de protéines de soja texturées
8 cl de sauce tamari
2 cl de crème d'amande
2 échalotes
2 gousses d'ail
100 g de chapelure
3 cl d'huile de sésame
6 cl d'huile d'olive

Pour la purée de patates douces
700 g de patates douces
5 cl de crème de soja
1 bonne pincée de noix muscade râpée
5 cl d'huile de noix
1 bonne pincée de sel

MATÉRIEL
Mixeur

1
Faites bouillir 1 l d'eau et faites fondre les cubes de bouillon. Versez dans un plat à gratin et déposez les médaillons de protéines de soja pour bien les hydrater. Laissez reposer 15 min.

2
Pendant ce temps, versez l'huile d'olive dans le bol d'un mixeur. Ajoutez la sauce tamari, la farine de pois chiches et la crème d'amande. Épluchez les échalotes et les gousses d'ail. Coupez-les en morceaux et ajoutez-les dans le mixeur. Mixez à pleine puissance pour obtenir une pâte. Versez-la dans une assiette creuse, et la chapelure dans une autre assiette.

3
Égouttez les médaillons de protéines de soja, trempez-les dans la pâte, puis roulez-les dans la chapelure. Réservez.

4
Épluchez les patates douces, coupez-les en dés et faites-les cuire 15 min à la vapeur. Écrasez les patates douces avec l'huile de noix, la crème de soja, le sel et la noix muscade. Réservez au chaud.

5
Dans une poêle, faites chauffer l'huile de sésame et déposez-y les nuggets, faites cuire 3 min de chaque côté à feu moyen. Servez aussitôt avec la purée de patates douces.

Préparation : 15 min **Trempage :** 1 nuit **Repos :** 30 min
Dégorger : 15 min **Cuisson :** 10 min

FALAFELS AU PERSIL
ET LEUR CRÈME DE CONCOMBRE

Pour 4 personnes

Pour les falafels
300 g de pois chiches
1 oignon rouge
1 gousse d'ail
1 bouquet de persil plat
1 cuil. à café de bicarbonate de soude
1 cuil. à café de cumin
1 cuil. à café de sel
Huile pour friture

Pour la crème de concombre
1 concombre
20 cl de crème d'avoine
5 feuilles de menthe fraîche
Sel

MATÉRIEL
Blender

1
Faites tremper les pois chiches au moins 1 nuit. Le lendemain, mettez-les dans le bol d'un mixeur. Mixez une première fois pour les concasser.

2
Épluchez l'oignon, ajoutez-le aux pois chiches ainsi que la gousse d'ail épluchée. Mixez de nouveau.

3
Lavez et effeuillez le persil et ajoutez les feuilles dans le mixeur. Ajoutez le bicarbonate, le cumin, le sel, le poivre et 2 cuil. à soupe d'eau. Mixez pour obtenir une pâte homogène. Laissez reposer 30 min.

4
Pendant ce temps, épluchez le concombre, salez et laissez-le dégorger 15 min dans une passoire. Pressez et mixez-le dans un blender avec la crème d'avoine et les feuilles de menthe fraîche.

5
Façonnez des petites galettes, pressez pour retirer l'éventuel excès d'eau. Dans une sauteuse, faites chauffer l'huile de friture à 180 °C et mettez les galettes à cuire pendant 4 min.

6
Servez chaud avec la crème de concombre.

Préparation : 10 min **Cuisson :** 30 min

FÈVES CORIANDRE
ET TOMATE

Pour 4 personnes
200 g de fèves écossées
1 gousse d'ail
1 tomate
2 cuil. à soupe de coriandre hachée
1 cuil. à café de curry en poudre
3 cuil. à soupe d'huile d'olive
1 pincée de sel

1

Dans une casserole, faites chauffer l'huile d'olive.
Ajoutez les fèves et pressez la gousse d'ail par-dessus. Mélangez.

2

Lavez la tomate, coupez-la en dés et ajoutez-la ainsi que le curry, le sel et la coriandre. Mélangez.

3

Couvrez d'eau et laissez mijoter 30 min avant de servir, accompagné de riz basmati.

ASTUCE
Vous pouvez préparer la même recette avec des haricots rouges ou blancs à la place des fèves.

Préparation : 25 min **Cuisson :** 8 min

GALETTE AUX LÉGUMES
ET RÂPÉ DE CHOU BLANC

Pour 4 personnes

Pour les galettes
50 g de flocons de sarrasin
2 cuil. à soupe de graines de lin
8 cl de lait de soja
2 cuil. à soupe de tofu soyeux
2 cuil. à soupe de farine de lupin
1 oignon rouge
1 carotte
1 petite courgette
1 cuil. à café de graines de cumin

Huile d'olive
Sel et poivre

Pour le râpé de chou
1 petit chou blanc
3 cuil. à soupe de vinaigre de cidre
2 cuil. à soupe de sucre de canne blond
1 noisette de wasabi
1 cuil. à soupe de graines de sésame
2 cuil. à soupe d'huile de sésame
1 cuil. à café de sel

1

Dans un saladier, versez les flocons de sarrasin, puis les graines de lin moulues dans un moulin à café. Versez le lait de soja et laissez gonfler quelques minutes.

2

Ajoutez le tofu soyeux et la farine de lupin. Mélangez et salez. Épluchez l'oignon, hachez-le finement et ajoutez-le à la préparation.

3

Épluchez et râpez la carotte, lavez et râpez la courgette. Ajoutez-les avec 1 pincée de poivre et les graines de cumin et mélangez bien.

4

Pour le râpé, taillez le chou blanc en fines lanières. Préparez une sauce en versant le vinaigre de cidre sur le sucre de canne, mélangez. Ajoutez le sel, l'huile de sésame et le wasabi. Mélangez et versez sur le chou. Saupoudrez de graines de sésame. Réservez.

5

Préparez les galettes. Aidez-vous d'un cercle à pâtisserie pour façonner des galettes bien rondes avec la préparation au sarrasin. Dans une poêle, faites chauffer 1 filet d'huile d'olive. Déposez le cercle à pâtisserie sur la poêle et versez la préparation dedans, laissez cuire 4 min avant d'ôter le cercle à pâtisserie et retournez la galette.

Préparation : 15 min **Cuisson :** 30 min

RISOTTO À L'ORGE PERLÉ
ET AUX PETITS POIS

Pour 4 personnes
250 g d'orge perlé
250 g de petits pois frais écossés
1 oignon
15 cl de vin blanc sec
2 cubes de bouillon de légumes
5 cl de crème d'avoine
3 cuil. à soupe d'huile d'olive

1

Dans une sauteuse, faites chauffer l'huile d'olive. Pelez l'oignon, hachez-le et faites-le revenir dans l'huile.

2

Rincez l'orge perlé et ajoutez-le dans la sauteuse. Mélangez. Laissez dorer 2 min, tout en mélangeant, puis versez le vin blanc sec.

3

Faites fondre les cubes de bouillon dans 1 l d'eau bouillante. Réservez.

4

Une fois le vin blanc absorbé, ajoutez les petits pois. Commencez à verser 1 louche de bouillon de légumes. Une fois le bouillon absorbé, renouvelez l'opération et ainsi de suite. Mélangez régulièrement.

5

En fin de cuisson, ajoutez la crème d'avoine, mélangez et servez aussitôt.

Préparation : 15 min **Cuisson :** 1 h 15

TIAN DE POMMES
DE TERRE, TOMATES, COURGETTES, OIGNONS ET MOZZARELLA

Pour 6 personnes
3 courgettes moyennes non traitées
5 tomates grappes non traitées
4 pommes de terre
1 oignon jaune
2 gousses d'ail
400 g de mozzarella di buffala
2 branches de thym frais
2 branches de romarin frais
1 filet d'huile d'olive
Sel, poivre du moulin

1

Préchauffez le four à 160 °C (th. 5-6). Lavez et coupez en tranches fines, à l'aide d'un couteau ou d'une mandoline, les courgettes et les tomates. Lavez, épluchez et coupez en tranches fines les pommes de terre. Épluchez et hachez l'oignon et les gousses d'ail. Coupez la mozzarella en tranches peu épaisses.

2

Dans le fond d'un plat à gratin, étalez une couche de hachis d'oignons et d'ail. Disposez verticalement, en les alternant, les lamelles de courgettes, de tomates, de pommes de terre et de mozzarella. Arrosez le tian de 1 filet d'huile d'olive. Parsemez le thym et le romarin effeuillés. Salez, poivrez.

3

Faites cuire le tian 1 h 15 à 160 °C (th. 5-6). Les légumes doivent être tendres et confits.

Préparation : 20 min   **Repos :** 15 min

TIAN CRU
DE BETTERAVES AUX POMMES, VINAIGRETTE AUX HERBES ET GRAINES DE PAVOT

Pour 4 personnes
2 betteraves rouges crues
2 pommes reine des reinettes non traitées
1 cuil. à soupe de graines de pavot
Vinaigrette
6 brins d'aneth
6 brins de coriandre
6 brins de persil
1 gousse d'ail
10 cl d'huile d'olive
Le jus de ½ citron non traité

1

Épluchez et coupez en fines rondelles les betteraves, à l'aide d'un couteau ou d'une mandoline (voir technique p. 16). Lavez et coupez les pommes en fines rondelles. Disposez les rondelles de betteraves et de pommes, verticalement en les alternant, dans un plat à rebords hauts.

2

Dans un bol, préparez la vinaigrette aux herbes (voir technique p. 15). Lavez, effeuillez et ciselez finement l'aneth, la coriandre et le persil. Épluchez et hachez finement la gousse d'ail. Mélangez l'huile d'olive avec le jus de citron, l'ail et les herbes.

3

Versez la vinaigrette sur le tian et laissez reposer pendant 15 min environ avant de déguster le tian. Saupoudrez de graines de pavot au moment de servir.

CONSEIL
Vous pouvez servir ce tian cru en entrée ou en accompagnement.

Préparation : 40 min **Repos :** 20 min
Cuisson : 10 min

CROQUETTES
AUX FLOCONS D'AVOINE ET SAUCE AUX HERBES

Pour 4 personnes

Pour les croquettes
200 g de flocons d'avoine
2 cuil. à soupe de graines de lin moulues
50 cl de lait de riz
60 g de tofu soyeux
2 gousses d'ail
2 échalotes
2 cuil. à soupe de concentré de tomates
1 bonne pincée de noix muscade
1 filet d'huile d'olive
Sel et poivre

Pour la sauce
½ bouquet de persil
½ bouquet de basilic
3 brins d'estragon
2 cuil. à soupe de câpres
50 g de noix de Grenoble ouvertes
2 cuil. à soupe de vinaigre de cidre
1 cuil. à soupe de sirop d'agave
8 cl d'huile de noix
Sel

1
Dans un saladier, versez les flocons d'avoine et les graines de lin. Ajoutez le lait de riz, mélangez et laissez reposer 20 min. Égouttez bien.

2
Ajoutez le tofu soyeux, et pressez les gousses d'ail dans le saladier. Épluchez et hachez les échalotes, ajoutez-les avec le concentré de tomates et mélangez bien. Salez, poivrez et ajoutez la noix muscade. Soyez généreux dans votre assaisonnement pour que les croquettes ne soient pas fades.

3
Dans une poêle, faites chauffer l'huile d'olive. Façonnez les croquettes dans le creux de vos mains et déposez-les dans la poêle. Faites-les cuire 10 min à feu moyen.

4
Pendant ce temps, préparez la sauce aux herbes. Rincez et effeuillez le persil, le basilic et l'estragon. Déposez les feuilles dans le bol d'un mixeur. Ajoutez les câpres, l'huile de noix, les noix de Grenoble, le vinaigre de cidre et le sirop d'agave. Ajoutez 2 cuil. à soupe d'eau. Salez. Mixez le tout finement avant de servir avec les croquettes.

ASTUCE
Pour une version sans gluten, testez la recette avec des flocons de sarrasin, de quinoa ou encore de millet.

Préparation : 25 min **Cuisson :** 40 min

FLAN DE COURGETTES

Pour 4 personnes
2 petites courgettes
4 tomates
1 oignon
1 gousse d'ail
1 cuil. à soupe de basilic
4 œufs
15 cl de crème liquide
15 cl de lait
1 cuil. à soupe de farine
1 cuil. à soupe d'huile d'olive
1 noix de beurre (pour le moule)
Sel, poivre

MATÉRIEL
Plat à gratin

1

Rincez les légumes. Coupez en cubes les courgettes et les tomates. Pelez et émincez l'oignon, puis la gousse d'ail. Faites revenir l'oignon et les cubes de courgettes dans l'huile d'olive. Remuez et laissez mijoter pendant 5 min à feu doux. Ajoutez les tomates, le basilic et l'ail. Assaisonnez et laissez refroidir.

2

Préchauffez le four à 180 °C (th. 6). Dans un saladier, fouettez les œufs entiers avec la crème liquide et le lait. Versez la farine et remuez jusqu'à ce que la pâte soit bien lisse. Ajoutez à la pâte les légumes cuisinés et refroidis. Versez la préparation dans le plat préalablement beurré.

3

Déposez le plat à gratin dans la plaque du four et versez un fond d'eau. Enfournez pour 40 min de cuisson au bain-marie. Le flan doit être bien doré. Pour vérifier la cuisson, plantez la lame d'un couteau dans le milieu du flan : elle doit ressortir sèche.

Préparation : 1 h 30 **Repos :** 1 h
Cuisson : 15 min

RAVIOLIS AUX PIGNONS
ET AUBERGINES

Pour 4 personnes

200 g de farine de blé T 65
2 aubergines
200 g de tofu ferme aux herbes
3 cuil. à soupe de concentré de tomates
1 gousse d'ail
50 g de pignons de pin

1 bouquet de coriandre
½ cuil. à café de gingembre en poudre
2 cuil. à soupe de sauce soja salée
Fécule de pomme de terre
1 cube de bouillon de légumes
1 filet d'huile d'olive
Sel

1

Faites bouillir 15 cl d'eau, versez-la sur la farine de blé en mélangeant à la fourchette. Quand le mélange a refroidi, pétrissez pendant 5 min puis formez une boule. Laissez reposer 1 h à température ambiante.

2

Épluchez les aubergines et coupez-les en petits dés. Dans une poêle, faites chauffer l'huile d'olive et ajoutez les dés d'aubergines. Faites cuire à feu moyen. Pendant ce temps, coupez le tofu ferme en petits dés et ajoutez-les dans la poêle avec le concentré de tomates. Mélangez.

3

Pressez la gousse d'ail dans la poêle. Hachez grossièrement les pignons de pin et ajoutez-les, puis les feuilles de coriandre et salez. Saupoudrez de gingembre et ajoutez la sauce soja. Quand les dés d'aubergines sont bien tendres, ôtez du feu.

4

Façonnez des boules d'environ 1,5 cm de diamètre dans la pâte qui a reposé. Saupoudrez le plan de travail de fécule de pomme de terre pour éviter qu'elles ne collent. Étalez finement les boules de pâte au rouleau à pâtisserie. Déposez 1 cuil. à café bombée de préparation à l'aubergine au centre de la pâte, mouillez le tour et soudez en pliant en deux.

5

Faites bouillir 1 l d'eau avec le cube de bouillon et faites cuire les raviolis par 6 pendant environ 3 min. Ils sont cuits quand la pâte devient transparente. Servez aussitôt.

Préparation : 30 min   **Cuisson :** 2 h à 2 h 30 min

GRATIN DAUPHINOIS

Pour 6 personnes
1 kg de pommes de terre à chair jaune (type Bintje)
1 gousse d'ail
20 cl de crème liquide entière
15 g de beurre
Noix muscade
Sel, poivre du moulin

1

Préchauffez le four à 150 °C (th. 5). Épluchez les pommes de terre, lavez-les et séchez-les soigneusement. Coupez-les en fines rondelles à l'aide d'un couteau ou d'une mandoline.

2

Frottez généreusement un plat à gratin avec la gousse d'ail coupée en deux. Disposez les rondelles de pommes de terre en couches successives, peu épaisses, que vous assaisonnerez de sel, poivre du moulin et d'un peu de noix muscade fraîchement râpée.

3

Versez par-dessus la crème liquide. Les pommes de terre doivent être couvertes à fleur, pas plus. Parsemez quelques noisettes de beurre à la surface et enfournez à 150 °C (th. 5) pendant 2 h à 2 h 30 selon votre four. La surface du gratin doit être bien dorée et légèrement desséchée.

Préparation : 35 min   **Cuisson :** 1 h

GRATIN
AUX TAGLIATELLES DE LÉGUMES ET AUX DEUX FROMAGES

Pour 6 personnes
3 carottes
2 poireaux
100 g de gouda au cumin
100 g de mimolette vieille
1 oignon
1 bulbe de fenouil
3 tomates
2 œufs
20 cl de crème fraîche
1 cuil. à café de cumin en poudre
Sel, poivre du moulin

1

Préchauffez le four à 200 °C (th. 6-7). Lavez et épluchez les carottes et les poireaux. À l'aide d'un économe, faites des tagliatelles de légumes puis des tagliatelles de gouda au cumin et de mimolette. Épluchez et émincez l'oignon et le bulbe de fenouil. Lavez et coupez les tomates en fines rondelles.

2

Dans un grand bol, mélangez les 2 œufs entiers avec la crème fraîche et le cumin en poudre. Salez, poivrez.

3

Dans un plat à gratin, disposez aléatoirement tous les légumes et les fromages émincés en « méli-mélo ». Versez dessus la crème aux œufs et au cumin.

4

Faites cuire 1 h à 200 °C (th. 6-7). Le gratin doit être bien doré.

Préparation : 30 min **Cuisson :** 30 min

GRATIN DE COURGE
BUTTERNUT AUX MARRONS

Pour 2 gros gratins
1 courge butternut (1 kg)
200 g de châtaignes en bocal
2 échalotes
60 g de morilles
2 grosses cuil. à soupe de margarine
40 g de farine
½ l de lait de soja (ou autre)
Noix muscade
2 grosse cuil. à soupe de chapelure
Huile d'olive

1
Épluchez et coupez en dés la courge butternut, et faites-la cuire à la vapeur.
2 min avant la fin de cuisson, ajoutez les châtaignes.

2
Épluchez les échalotes et émincez-les finement. Dans une poêle, faites-les revenir dans un peu d'huile d'olive et ajoutez les morilles. Laissez cuire pendant 10 min à feu moyen en remuant régulièrement.

3
Préparez la béchamel : dans une casserole, faites fondre la margarine, ajoutez la farine et mélangez bien. Ajoutez petit à petit le lait de soja et laissez épaissir à feu moyen tout en fouettant. Ajoutez un peu de noix muscade à votre convenance.

4
Dans un plat à gratin, disposez les dés de courge, les marrons, et la poêlée de morilles et échalotes, versez la béchamel et saupoudrez de chapelure. Enfournez pour 10 min, le temps que le gratin dore.

VARIANTES
Vous pouvez utiliser d'autres courges, comme le potimarron ou la courge patidou, ou encore remplacer les morilles par des cèpes. Vous pouvez aussi ajouter des noisettes concassées à la chapelure.

Préparation : 15 min   **Cuisson :** 45 min

CLAFOUTIS
AUX TOMATES CERISE

Pour 4 personnes
4 œufs
20 cl de crème de riz
30 cl de lait d'avoine
6 feuilles de basilic
250 g de tomates cerise

1

Préchauffez votre four à 180 °C (th. 6). Dans un saladier, fouettez les oeufs avec la crème de riz et le lait d'avoine. Salez et poivrez.

2

Lavez et séchez les feuilles de basilic, ciselez-les et ajoutez-les à l'appareil.

3

Dans un plat à gratin, disposez les tomates cerise lavées et séchées, puis versez l'appareil et enfournez pour 45 min.

4

Servez tiède avec une salade de betterave rouge.

Les graines, céréales et légumineuses

Marie-Laure André

Si chacun d'entre nous sait facilement préparer du riz, des pâtes ou du blé, il n'en va pas de même pour les autres céréales. Nous utilisons en général toujours les mêmes et passons à côté des apports nutritionnels des autres. Voici un petit éclairage sur les céréales, les graines et les légumineuses pour les faire entrer facilement dans votre alimentation quotidienne.

Marie-Laure André est diététicienne en milieu hospitalier depuis plus de 15 ans, où elle s'est spécialisée dans la prise en charge nutritionnelle de l'insuffisance rénale, du diabète et de l'obésité. Elle intervient également à l'Institut Universiatire de Technologie de Toulon – La Garde depuis plusieurs années auprès d'étudiants en diététique. Passionnée par l'alimentation plaisir et l'alimentation santé, elle est l'auteure de plusieurs ouvrages de diététique et de recettes.

GRAINES DE SÉSAME, DE CHIA ET COMPAGNIE

Courge, lin, sésame, tournesol, mais aussi noix, noisettes, amandes… Ces graines sont petites par la taille mais leur richesse en éléments nutritifs est immense : protéines d'excellente qualité (20 % de leurs poids, voire plus), graisses insaturées bonnes pour le cœur, magnésium, fer, calcium, fibres, vitamine E, antioxydants… les raisons de les incorporer dans vos recettes ne manquent pas !

Rehaussez la saveur de vos plats de riz avec une cuillerée de graines de sésame torréfiées, saupoudrez généreusement de graines de tournesol vos assiettes de crudités pour leur donner du croquant ou intégrez à vos pâtes à pain un mélange de graines pour leur donner une saveur boisée.

Un petit creux ? Pensez aux amandes, au fort pouvoir rassasiant.

Vous pouvez aussi consommer les graines oléagineuses sous forme de purées (purée d'amandes, de noisettes, de pistaches ou de sésame). Elles s'incorporent dans les préparations salées ou sucrées : potages, gâteaux, clafoutis…

BON À SAVOIR
Les graines de lin et les graines de chia sont riches en acides gras de la famille des oméga-3, et participent ainsi à la protection cardiovasculaire et à l'équilibre émotionnel.

GRAINES GERMÉES

Comment donner du croquant, du peps et de la couleur à vos plats sans les surcharger en calories ? Avec les graines germées !

Elles sont idéales dans toutes les salades de crudités, mais aussi en omelette, dans les sandwichs ou sur des toasts. Elles vous séduiront par leur fraîcheur et leurs saveurs inédites : poivrée pour les graines de radis, légèrement piquante pour les graines de moutarde, sucrées pour les graines de blé, anisée pour les graines de fenouil…

La germination permet aux vitamines et aux minéraux de la graine de se développer et aux enzymes de se synthétiser. C'est pourquoi les graines germées sont bien plus riches en vitamine C, en calcium, en fer ou en zinc que leurs homologues non germées. Grâce aux enzymes, les nutriments (protéines, glucides…) sont naturellement « prédigérés », ce qui facilite leur assimilation par l'organisme.

BON À SAVOIR
Pour profiter de tous leurs bienfaits, consommez les graines germées crues (sauf les graines de légumineuses qu'il est préférable de blanchir).

CÉRÉALES

D'un point de vue nutritionnel, les céréales nous apportent des sucres (glucides) sous forme d'amidon. Contrairement aux produits sucrés qui donnent un coup de fouet mais provoquent rapidement une sensation de fatigue, les céréales fournissent de l'énergie à l'organisme de manière plus régulière et durable. Avec les céréales, fini les petits creux ou les grosses fringales entre les repas !

IDÉE REÇUE : LES FÉCULENTS FONT GROSSIR

Faux ! Les féculents (céréales) sont indispensables à l'équilibre nutritionnel et participent à la régulation du poids grâce à leur fort pouvoir rassasiant.

BON À SAVOIR
Environ 50 % de nos apports énergétiques journaliers sont idéalement apportés par les glucides. Consommer des céréales permet d'atteindre agréablement cet objectif santé

DES ATOUTS SANTÉ INDÉNIABLES

Aujourd'hui, les céréales anciennes ont le vent en poupe : kamut, seigle, épeautre et sarrasin font leur grand retour sur le devant de la scène, avec leur panoplie de bienfaits nutritionnels : ces céréales sont riches en protéines, en fibres, en minéraux et en oligoéléments (magnésium, phosphore, cuivre, manganèse…), sans oublier leur apport en vitamines du groupe B.

- **Le sarrasin, aussi appelé « blé noir »**, se trouve sous forme de farine pour réaliser de délicieuses galettes garnies, mais aussi sous forme de grains, à préparer comme le boulgour, sans oublier les célèbres crozets, à consommer en gratin ou façon crozotto.

- **L'avoine** n'est pas en reste : ses fibres solubles emprisonnent le cholestérol alimentaire (ce qui constitue une aide précieuse pour ceux qui souffrent d'hypercholestérolémie) et créent un sérieux effet coupe-faim en gonflant dans l'estomac.

- **Le millet** est quant à lui très facile à digérer. Sans gluten, il fait partie de la panoplie de base des intolérants.

- **Si vous ne connaissez pas encore le fonio**, c'est le moment de le découvrir : riche en calcium, en zinc et en magnésium, mais aussi en acides aminés essentiels, le fonio se prépare en taboulé ou en couscous. Dépourvu de gluten, il est facile à digérer et son goût légèrement boisé est apprécié de tous.

DÉCOUVREZ LES FLOCONS DE CÉRÉALES

Au petit déjeuner, remplacez vos corn flakes sucrés par des flocons de quinoa, de sarrasin, d'avoine… ou par un mélange de flocons. Vous profiterez ainsi des bienfaits des céréales, sans sucre ajouté. Ajoutez-y quelques fruits, des noisettes, des amandes, un peu de lait ou de yaourt de votre choix… et vous ferez le plein d'énergie pour toute la matinée !

LE SAVIEZ-VOUS ?
Le quinoa est une « pseudo-céréale » et ne contient pas de gluten. Riche en protéines, en glucides, en fibres et en minéraux (fer, magnésium, manganèse), il se prépare néanmoins comme le riz ou la semoule : en taboulé, en risotto…

QUE VALENT LES « LAITS » DE CÉRÉALES ?

Chaque année, des nouveaux « laits » végétaux (qui sont en réalité des jus) apparaissent dans les rayonnages des magasins. Auprès des laits de soja, d'amande et de noisette, voici les laits de riz, de quinoa, d'avoine, d'orge ou d'épeautre. Ces boissons peuvent se consommer telles quelles (certaines sont aromatisées à la vanille, au chocolat…) ou être incorporées dans les préparations salées et sucrées, à la place du lait de vache. Si vous êtes adepte des laits végétaux, préférez les versions enrichies en calcium pour couvrir vos besoins journaliers.

LÉGUMINEUSES

Lentilles, pois chiches, flageolets, haricots blancs... Les légumes secs étaient très consommés autrefois en France. Mais après la Seconde Guerre mondiale, ils ont été associés (à tort !) aux images péjoratives de disette et de mauvaise cantine. Heureusement, nous les redécouvrons aujourd'hui et profitons ainsi de tous leurs atouts nutritionnels.

Les légumes secs sont riches en fibres, ce qui permet d'atteindre facilement les 25 à 30 g journaliers recommandés de fibres. Ils sont également riches en protéines et peuvent ainsi remplacer votre part de viande de temps en temps. Pour optimiser l'assimilation des protéines, associez-les aux céréales dont les acides aminés sont complémentaires. Vous pouvez par exemple préparer un curry de lentilles au riz frit ou associer pois chiches et semoule dans un bon couscous !

MIEUX DIGÉRER LES LÉGUMES SECS

Certains évitent de manger des légumes secs parce qu'ils sont lourds à digérer ou qu'ils provoquent des flatulences. Leurs fibres sont effectivement parfois irritantes pour les intestins sensibles, et certaines substances sont à l'origine de fermentation intestinale. Pour éviter ces désagréments digestifs, pensez à faire tremper les légumes secs dans de l'eau froide pendant une nuit complète, puis faites-les cuire dans de l'eau additionnée d'une cuillerée de bicarbonate de soude ou, à défaut, de sarriette.

CONNAISSEZ-VOUS LA FARINE DE POIS CHICHES ?

Peut-être avez-vous déjà consommé de la farine de pois chiches sous forme de panisse ou de socca (aussi appelée « cade »), de délicieuses spécialités niçoises. La farine de pois chiches est riche en fibres, en protéines, et son index glycémique est faible (35), d'où son intérêt pour tous ceux qui surveillent leur silhouette et pour ceux qui souffrent de diabète.

L'INDEX GLYCÉMIQUE

Il mesure la capacité d'un aliment donné à élever la glycémie (taux de glucose sanguin). Les aliments à index glycémique élevé sollicitent excessivement le pancréas, d'où une production d'insuline parfois disproportionnée et, sur le long terme, une prise de poids (l'insuline favorise le stockage des graisses).

QUICHES ET TARTES SALÉES

Préparation : 20 min   **Cuisson :** 1 h

TARTE À L'OIGNON
ET À L'AMANDE

Pour 1 tarte
1 pâte brisée maison (voir p. 14) ou du commerce
800 g d'oignons
1 cuil. à soupe de sucre complet ou sucre blanc
4 œufs
20 cl de crème d'amandes
Noix muscade
Huile d'olive
Sel et poivre

1

Préchauffez le four à 180 °C (th. 6). Étalez la pâte et disposez-la dans un plat à tarte, réservez au frais.

2

Épluchez et émincez les oignons, faites-les revenir dans un filet d'huile d'olive. Une fois que les oignons sont devenus translucides, ajoutez le sucre, remuez et laissez cuire pendant 5 min. Dans un saladier, battez les œufs avec la crème d'amandes. Salez, poivrez et ajoutez un peu de noix muscade.

3

Disposez les oignons caramélisés sur le fond de tarte, puis l'appareil à base d'œufs. Enfournez pour 45 min.

CONSEIL
Vous pouvez servir cette tarte chaude ou tiède avec une salade d'endive agrémentée de noix ou de noisettes.

Préparation : 20 min   **Cuisson :** 10 min

PIZZA POIREAU-CHÈVRE

Pour 4 personnes
1 pâte à pizza maison (voir recette p. 12) ou du commerce
4 cuil. à soupe de crème liquide
1 cuil. à café de moutarde
½ oignon
1 poireau
1 crottin de chèvre
100 g de comté

1

Préchauffez le four à 240 °C (th. 8). Disposez la pâte à pizza sur la plaque.
Mélangez la crème et la moutarde, puis badigeonnez la pâte de ce mélange.

2

Pelez et émincez l'oignon ; taillez le poireau en petits morceaux. Répartissez-les sur la pâte.

3

Coupez en dés le crottin de chèvre, râpez le comté et parsemez la pizza de fromage.

4

Enfournez pour 10 min de cuisson.

5

Servez chaud avec une salade.

Préparation : 30 min **Cuisson :** 45 min

QUICHE TOURBILLON
AUX LÉGUMES

Pour 4 personnes
1 pâte feuilletée maison (voir recette p. 10) ou du commerce
1 cuil. à soupe de Savora®
2 courgettes
1 aubergine
1 poivron
3 œufs
100 g de feta
20 cl de crème de soja
20 cl de lait

MATÉRIEL
Moule à tarte

1

Préchauffez le four à 180 °C (th. 6). Étalez la pâte dans le moule et badigeonnez le fond de Savora®.

2

Épluchez les légumes puis, à l'aide d'une mandoline ou d'un économe, taillez-les dans le sens horizontal, afin d'obtenir des lanières. Disposez les lanières de légumes en spirale sur la pâte, en alternant chaque sorte de légumes, jusqu'à épuisement des ingrédients.

3

Dans un saladier, fouettez les œufs, ajoutez la feta émiettée, la crème et le lait. Mélangez et versez sur les légumes. Enfournez pour 45 min de cuisson.

4

Servez cette quiche tiède avec une belle salade.

VARIANTES
N'hésitez pas à varier les plaisirs en panachant les légumes de votre choix.

Préparation : 15 min **Cuisson :** 45 min

Pour 4 personnes
1 pâte brisée maison (voir p. 14) ou du commerce
1 cuil. à soupe de moutarde forte
1 oignon
1 courgette
1 aubergine
1 boîte de coulis de tomates
1 poivron à l'huile
3 œufs
15 cl de crème de soja
20 cl de lait de soja
Sel et poivre
Huile d'olive

1

Préparez la ratatouille. Faites revenir un oignon dans un peu d'huile d'olive, ajoutez une courgette et une aubergine épluchées et émincées. Faites revenir pendant 5 min puis ajoutez une boîte de coulis de tomates ainsi qu'un poivron grillé à l'huile en conserve. Faites cuire pendant 30 min.

2

Préchauffez votre four à 180 °C (th. 6). Dans un plat allant au four, étalez votre pâte brisée, badigeonnez-la de moutarde puis disposez la ratatouille.

3

Dans un saladier, fouettez les œufs puis ajoutez la crème et le lait. Salez et poivrez. Enfournez pour 45 min.

CONSEIL
Servez votre quiche tiède ou froide avec une salade de tomates.

Préparation : 45 min   **Cuisson :** 45 min

PIZZA
AUX LÉGUMES GRILLÉS

Pour 1 pizza
1 pâte à pizza maison (voir p. 12) ou du commerce
1 courgette
1 aubergine
1 poivron
5 cuil. à soupe de coulis de tomates
1 tomate
1 oignon rouge
Huile d'olive
Olives
Herbes de Provence

1

Préchauffez votre four à 200 °C (th. 6-7). Taillez la courgette et l'aubergine dans la longueur et le poivron en lanières.

2

Disposez les tranches de légumes sur une plaque à pâtisserie et badigeonnez-les d'huile d'olive. Enfournez et laissez confire pendant 20 à 30 min en retournant régulièrement les légumes.

3

Étalez votre pâte à pizza et disposez-la sur une plaque à pizza. Étalez le coulis de tomates, disposez la tomate coupée en rondelles et l'oignon émincé. Ajoutez les légumes confits et parsemez d'olives et d'herbes de Provence. Enfournez pour 20 min.

VARIANTE
Vous pouvez remplacer le coulis de tomates par du pesto.

Préparation : 30 min   **Cuisson :** 45 min

Pour 6 personnes
2 pâtes feuilletées maison (voir recette p. 10) ou du commerce
8 carrés d'épinards surgelés
400 g de mélange de champignons surgelés
2 échalotes
2 gousses d'ail
½ botte de persil
2 œufs
1 pot de ricotta
10 cl de crème liquide
2 cuil. à soupe d'huile d'olive

MATÉRIEL
Moule à tarte

1

Préchauffez le four à 200 °C (th. 6-7). Pelez et émincez les échalotes. Pelez l'ail. Ciselez le persil.

2

Dans une poêle, faites chauffer l'huile et faites revenir les échalotes et l'ail écrasé. Ajoutez les champignons et les épinards. Laissez cuire jusqu'à ce que l'eau des champignons et des épinards soit évaporée.

3

Dans un saladier, fouettez les œufs, ajoutez la ricotta, la crème et le persil. Ajoutez à cette préparation le contenu de la poêle et mélangez bien.

4

Dans le moule, disposez une pâte feuilletée puis étalez le mélange. Disposez la seconde pâte, soudez les bords. Faites un petit trou à l'aide d'un couteau, puis enfournez pour 45 min. Servez avec une salade de mâche.

CONSEIL
Si la pâte brunit trop vite, disposez un papier sulfurisé dessus et baissez le thermostat.

Préparation : 40 min   **Repos :** 30 min
Cuisson : 40 min

TARTE AU POTIMARRON

Pour 6 personnes

Pour la pâte
200 g de farine blanche
1 yaourt nature
2 cuil. à soupe d'huile d'olive
2 cuil. à soupe de graines de courge
Sel

Pour l'appareil
1 kg de potimarron
3 œufs
15 cl de crème liquide (ou de soja)
10 cl de lait
100 g de tomme de Savoie

MATÉRIEL
Moule à tarte
Rouleau à pâtisserie
Cuit-vapeur

1

Préparez la pâte : dans un saladier, mélangez la farine avec du sel, puis ajoutez le yaourt et l'huile. Mélangez et versez un peu d'eau progressivement jusqu'à ce que la pâte soit homogène. Formez une boule et laissez reposer au frais 30 min.

2

Épluchez et émincez le potiron en gros cubes. Faites-les cuire à la vapeur.
Une fois que le potiron est fondant, écrasez-le à la fourchette et réservez-le.

3

Dans un saladier, battez les œufs avec la crème et le lait, puis ajoutez le potiron ; salez et poivrez.

4

Sortez la pâte du frais, étalez-la et disposez-la dans le moule. Coupez le fromage en tranches puis tapissez le fond de tarte de fromage avant de verser la garniture.

5

Enfournez pour 40 min de cuisson. Servez chaud avec une salade d'endives parsemée de graines de sésame.

Préparation : 25 min   **Cuisson :** 30 min

TATIN
D'ENDIVES, MIEL ET CHÈVRE

Pour 6 personnes
1 pâte feuilletée maison (voir p. 10) ou du commerce
8 endives de taille moyenne
2 pincées de sucre
15 cl de bouillon de légumes
1 cuil. à soupe de miel
7 tranches de chèvre
½ saint-marcellin
2 cuil. à soupe d'huile d'olive

MATÉRIEL
Moule à tarte

1

Préchauffez le four à 180 °C (th. 6). Lavez et émincez les endives dans la longueur.

2

Dans une poêle, faites chauffer l'huile puis faites sauter les endives 5 min avec le sucre. Déglacez avec le bouillon et le miel. Une fois que le liquide est évaporé, les endives doivent être cuites (si ce n'est pas le cas, versez un peu d'eau et poursuivez la cuisson). Coupez le feu et laissez tiédir.

3

Dans le plat à tarte préalablement huilé, disposez harmonieusement les endives, les fromages puis recouvrez de pâte feuilletée (n'hésitez pas à enlever un peu de pâte pour éviter les gros boudins sur les côtés).

4

Enfournez pour 30 min de cuisson. Démoulez immédiatement à la sortie du four.

CONSEIL
Une tarte Tatin à déguster bien chaude avec une salade de mâche.

Préparation : 30 min   **Cuisson :** 45 min

QUICHE
PRESQUE LORRAINE

Pour 6 personnes

Pour la pâte
300 g de farine T 65
150 g de purée d'amandes blanches
8 cl de lait d'amande
2 cuil. à soupe d'huile d'olive
½ cuil. à café de sel

Pour l'appareil
1 oignon
150 g de tofu fumé
300 g de tofu soyeux
50 g de fécule de pomme de terre
20 cl de lait de soja
2 pincées de noix muscade
1 cuil. à soupe de miso
2 cuil. à soupe d'huile d'olive
½ cuil. à café de sel
1 pincée de poivre noir

1

Mélangez la farine et la purée d'amandes, ajoutez l'huile d'olive, le sel et le lait d'amande.
Pétrissez la pâte et formez une boule.

2

Étalez la pâte sur un plan de travail fariné et disposez-la dans un moule à tarte.

3

Préchauffez le four à 180 °C (th. 6).
Épluchez l'oignon, hachez-le. Coupez le tofu fumé en petits morceaux de la taille de lardons.
Faites-les revenir à la poêle dans l'huile d'olive avec l'oignon haché. Réservez.

4

Versez le tofu soyeux dans un saladier. Délayez petit à petit la fécule de pomme de terre dans le lait de soja,
versez sur le tofu soyeux et mélangez. Ajoutez la noix muscade, le sel, le poivre noir et le miso. Mélangez bien.

5

Déposez le tofu fumé et l'oignon sur la pâte, puis versez le mélange précédent.
Enfournez pour 45 min de cuisson et dégustez chaud.

Préparation : 20 min   **Cuisson :** 55 min

QUICHE AUX POIREAUX

Pour 6 personnes

Pour la pâte
300 g de farine T 80
150 g de margarine végétale non hydrogénée
8 cl de lait de soja
½ cuil. à café de sel

Pour l'appareil
3 poireaux
30 g de fécule de pomme de terre
15 cl de lait de soja
400 g de tofu soyeux
2 pincées de noix muscade
1 cuil. à soupe de levure maltée
4 cuil. à soupe d'huile d'olive
½ cuil. à café de sel
1 pincée de poivre noir

1

Mélangez la farine et le sel avec la margarine à température ambiante. Ajoutez le lait de soja et pétrissez jusqu'à obtenir une boule de pâte homogène. Étalez la pâte sur un plan de travail fariné, et disposez-la dans un moule à tarte.

2

Préchauffez le four à 180 °C (th. 6).

3

Lavez les poireaux et coupez-les en rondelles. Dans une poêle, faites chauffer l'huile d'olive et ajoutez les poireaux, faites-les cuire à feu doux jusqu'à ce qu'ils soient fondants. Puis déposez-les sur la pâte.

4

Délayez petit à petit la fécule de pomme de terre dans le lait de soja. Ajoutez le tofu soyeux et battez le mélange. Ajoutez la noix muscade, le sel, le poivre et la levure maltée.

5

Mélangez et versez sur les poireaux. Enfournez pour 45 min de cuisson et dégustez chaud.

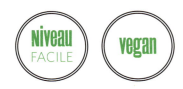

Préparation : 20 min **Cuisson :** 40 min

TARTE À LA TOMATE

Pour 6 personnes

Pour la pâte
220 g de farine T 65
80 g de farine de lupin
150 g de tahin
8 cl de lait de riz
2 cuil. à soupe d'huile d'olive
½ cuil. à café de sel

Pour la garniture
5 tomates
2 cuil. à soupe de moutarde
20 g de fécule de pomme de terre
5 cl de lait de soja
5 cl de crème de soja
1 oignon rouge
1 cuil. à café d'herbes de Provence
Sel

1

Mélangez les deux farines, incorporez le sel, puis le tahin et l'huile d'olive.
Pétrissez en ajoutant le lait de riz jusqu'à obtenir une boule de pâte homogène.

2

Étalez la pâte sur un plan de travail fariné et disposez-la dans un moule à tarte.
Ôtez le surplus avec un rouleau à pâtisserie.

3

Préchauffez le four à 180 °C (th. 6).

4

Étalez la moutarde sur la pâte à tarte. Coupez les tomates en rondelles et disposez-les par-dessus.

5

Délayez la fécule dans le lait de soja, incorporez la crème de soja et salez puis versez sur les tomates.

6

Épluchez l'oignon rouge et hachez-le, puis répartissez-le sur les tomates.
Saupoudrez d'herbes de Provence et enfournez pour 40 min de cuisson. Dégustez chaud.

Préparation : 30 min   **Repos :** 1 h
Cuisson : 15 min

PIZZA
AUX LÉGUMES DU SOLEIL

Pour 4 personnes

Pour la pâte
1 sachet de levure de boulanger sèche
350 g de farine de blé bise T 80
150 g de farine de pois chiches
3 cuil. à soupe d'huile d'olive
10 g de sel

Pour la garniture
2 oignons
2 aubergines
2 gousses d'ail
2 cuil. à café d'origan
100 g de concentré de tomates
2 poivrons rouges grillés en conserve
50 g de tomates séchées
12 olives noires dénoyautées
5 cl d'huile d'olive
Sel

1

Faites tiédir 25 cl d'eau et versez-y la levure de boulanger. Réservez.

2

Mélangez la farine de blé et la farine de pois chiches. Ajoutez le sel et l'huile d'olive, puis petit à petit, tout en pétrissant, l'eau et la levure. La pâte doit avoir une texture de pâte à pain : si elle est trop sèche, ajoutez un peu d'eau ; si elle est trop collante, ajoutez un peu de farine. Pétrissez la pâte pendant 10 min et laissez-la reposer 1 h au chaud recouverte d'un torchon.

3

Préchauffez le four à 200 °C (th. 8). Épluchez les oignons et hachez-les grossièrement. Lavez les aubergines et coupez-les en dés. Épluchez les gousses d'ail et coupez-les en quatre. Dans une poêle, faites chauffer l'huile d'olive et versez-y les oignons, les aubergines et les gousses d'ail. Faites cuire à feu moyen, ajoutez l'origan et salez. Quand vous obtenez une compotée de légumes, ôtez du feu.

4

Étalez la pâte à pizza en rectangle sur une feuille de papier sulfurisé et déposez le tout sur une plaque à pâtisserie. Étalez le concentré de tomates sur la pâte, puis la compotée d'aubergines. Ajoutez les poivrons grillés coupés en quatre, répartissez dessus les tomates séchées et les olives noires. Enfournez dans le bas du four pour 15 min de cuisson et dégustez chaud.

Niveau FACILE

Préparation : 10 min **Cuisson :** 20 min

INDE

PAANCH PHORAN PATHA GOBI
(CHOU AUX CINQ ÉPICES)

Pour 4 personnes
300 g de chou
1 carotte
1 pomme de terre
1 cuil. à soupe d'huile d'olive
1 cardamome noire
1 bâton de cannelle
1 cuil. à café de graines de moutarde
1 cuil. à café de graines de cumin
1 cuil. à café de graines de nigelle
1 cuil. à café de graines de fenouil
½ cuil. à café de graines de fenugrec
3 pincées de sel
1 cuil. à café de curcuma
½ cuil. à café de sucre
½ cuil. à café de piment rouge en poudre ou 1 piment oiseau émincé finement (facultatif)

1
Émincez le chou et coupez la carotte en rondelles après l'avoir épluchée. Épluchez la pomme de terre et coupez-la en dés.

2
Dans une poêle, faites chauffer l'huile puis déposez-y le bâton de cannelle, la cardamome noire et les épices pour aromatiser l'huile de cuisson. Ajoutez du sel et le curcuma.

3
Ajoutez le chou et la carotte dans la poêle, ainsi que les dés de pomme de terre. Mélangez bien, couvrez et laissez cuire pendant 10 min.

4
À la fin de la cuisson, ajoutez 1 cuil. à café de sucre. Ajoutez le piment rouge (selon votre goût), retirez du feu et servez immédiatement.

Niveau FACILE

Préparation : 10 min **Cuisson :** 10 min
INDE

TAMATOR PYAZ CHUTNI
(CHUTNEY ROUGE AUX TOMATES ET AUX OIGNONS)

Pour 2 personnes
2 gousses d'ail
2 oignons rouges
2 tomates
2 cuil. à soupe d'huile d'olive
1 cuil. à café de gingembre frais râpé
½ cuil. à café de sel
1 petite poignée de graines de moutarde grillées
15 feuilles de kadi patha
1 piment oiseau (facultatif)

MATÉRIEL
Mixeur

1
Épluchez l'ail et les oignons rouges. Émincez finement les oignons, pilez l'ail et coupez les tomates en dés.

2
Dans une poêle, faites chauffer la moitié de l'huile et faites bien dorer les oignons. Ajoutez ensuite les morceaux de tomates, le gingembre et l'ail, et laissez cuire pendant 5 min. Retirez du feu, salez et mixez.

3
Dans une autre poêle, faites revenir les graines de moutarde dans le reste de l'huile. Ajoutez les feuilles de kadi patha. Laissez cuire 1 min, puis ajoutez la première poêlée.

4
Retirez du feu, salez, poivrez et mixez. Ajoutez le piment oiseau si vous le souhaitez. Servez à température ambiante.

REMARQUE
Si vous n'avez pas de mixeur, faites comme on le fait dans le nord de l'Inde : faites revenir les oignons, les tomates et du piment, puis mangez comme un légume avec un chapati ou sur du pain de mie grillé avec du fromage râpé.

Préparation : 15 min   **Cuisson :** 3 min (par paratha)   **Repos :** 5 min

INDE

GOBI PARATHA
(GALETTE FOURRÉE AU CHOU-FLEUR)

Pour 4 personnes

Pour la pâte
250 g de farine de blé complète (ou bise)
⅓ de la quantité de farine en eau tiède
5 à 6 cuil. à soupe de ghee ou d'huile

Pour la farce
150 g de chou-fleur
1 cuil. à café de coriandre en poudre
1 cuil. à café de cumin en poudre
1 cuil. à café de graines de grenade séchées (anardhana)
3 pincées de sel

1

Dans un saladier, mélangez la farine et l'eau pour obtenir une pâte malléable. Travaillez la pâte avec une main pendant 5 min, jusqu'à ce qu'elle ne colle plus. Mettez la pâte dans une boîte hermétique et laissez-la reposer pendant 10 min à température ambiante.

2

Coupez le chou-fleur en petits morceaux ou râpez-le grossièrement et mélangez-le à tous les ingrédients de la farce. Étalez un paratha en forme de disque et déposez la farce au centre puis refermez-le pour former une aumônière (boule). Roulez l'aumônière dans la farine sèche et aplatissez la galette à l'aide d'un rouleau à pâtisserie sur un plan de travail fariné.

3

Préchauffez une poêle à feu moyen à fort, puis déposez la galette sur la poêle chaude en baissant le feu.

VARIANTE
Farcissez les parathas de pommes de terre (utilisez la farce de croquettes de pommes de terre), de radis, de carottes ou même de chocolat noir ou de sucre pour un dessert simple et rapide.

Préparation : 30 min

ITALIE

BURRATA
AUX LÉGUMES CROQUANTS, PESTO AU VINAIGRE

Pour 4 personnes
4 boules de burrata de 150 g environ laissée à température ambiante
1 grosse carotte
1 petit bulbe de fenouil
5 cl d'huile d'olive
2 cuil. à soupe de vinaigre de xeres
2 cuil. à soupe de pesto
1 petit bouquet de basilic
Sel, poivre du moulin

1
Épluchez la carotte, nettoyez le fenouil. Râpez les légumes très finement avec une mandoline. Mettez-les dans un récipient d'eau glacée, laissez-les tremper 30 min pour les faire durcir.

2
Mélangez l'huile d'olive dans un grand bol avec le vinaigre, le pesto, du sel et du poivre.

3
Égouttez et déposez chaque burrata dans une assiette calotte. Égouttez les légumes, essuyez-les dans un torchon propre. Répartissez-les dans les assiettes, salez la burrata, donnez quelques tours de moulin à poivre. Nappez le tout avec le pesto au vinaigre, décorez de quelques feuilles de basilic et servez.

CONSEIL
La burrata se mange à température ambiante, et surtout pas froide ! Ne la placez pas au frigo. Si vous l'achetez froide, il est possible de la passer quelques secondes au micro-ondes pour la réchauffer légèrement.

Préparation : 15 min **Cuisson :** 10 min

ITALIE

TAGLIATELLES
AU CITRON

Pour 4 personnes
400 g de tagliatelles
1 bouquet de persil
2 beaux citrons
15 cl de crème fraîche
90 g de parmesan râpé
60 g de beurre
Sel, poivre du moulin

1

Préchauffez le four à 180 °C (th. 6). Lavez et hachez le persil. Lavez et zestez les citrons. Fouettez la crème dans un bol avec le parmesan et le persil haché pour la faire mousser.

2

Faites cuire les tagliatelles dans une casserole d'eau bouillante salée en suivant les indications portées sur le paquet.

3

Faites fondre le beurre à feu doux dans une grande casserole avec les zestes de citron, salez, poivrez. Égouttez les pâtes puis mettez-les dans le beurre au citron avec 10 cl d'eau de cuisson des pâtes. Mélangez le tout puis répartissez les pâtes dans un plat beurré allant au four. Nappez-les de crème au parmesan.

4

Enfournez pendant 8 à 10 min et servez aussitôt.

Préparation : 20 min   **Cuisson :** 30 min

NOUILLES AUX ŒUFS
À L'ASIATIQUE

Pour 4 personnes
1 paquet de 200 g de nouilles aux œufs
200 g de tofu fumé
1 poivron
2 carottes
1 courgette
½ aubergine
1 oignon
3 gousses d'ail
1 cuil. à café curry
20 cl lait de coco
1 cuil. à soupe de coriandre fraîche ou surgelée
8 feuilles de basilic frais
1 poignée de cacahuètes non salées
Huile d'olive

1

Faites bouillir de l'eau pour réhydrater les nouilles aux œufs. Coupez le tofu en dés. Faites-les revenir dans de l'huile d'olive et réservez.

2

Épluchez et coupez tous les légumes : taillez le poivron en lanières, râpez les carottes, coupez en dés la courgette et l'aubergine puis émincez l'oignon.

3

Faites-les revenir à la poêle pendant 20 min dans un peu d'huile d'olive. Réservez.

4

Dans la poêle, faites revenir dans un peu d'huile l'ail écrasé avec le curry. Ajoutez le lait de coco et le tofu. Laissez réduire quelques instants, puis ajoutez tous les légumes et mélangez bien. Ajoutez enfin les nouilles et mélangez encore.

5

Parsemez d'herbes ciselées et de cacahuètes avant de servir ce plat bien chaud.

Préparation : 20 min   Cuisson : 1 h

ESPAGNE

PISTO MANCHEGO
(PISTO MANCHOIS)

Pour 4 à 6 personnes
2 courgettes
1 kg de tomates mûres
1 aubergine
2 poivrons rouges
2 poivrons verts
1 oignon
1 pincée de sucre
Huile d'olive
Sel, poivre

MATÉRIEL
Poêles

1
Épluchez puis émincez l'oignon. Lavez les légumes. Coupez les courgettes, les tomates et l'aubergine en petits dés. Coupez les poivrons en deux, retirez les graines et les parties blanches puis lavez-les de nouveau. Taillez les poivrons en petits morceaux.

2
Faites revenir l'oignon émincé avec les morceaux de poivron dans une poêle avec un filet d'huile d'olive. Versez les dés de tomates avec la pincée de sucre, mélangez.

3
Dans une autre poêle, faites revenir les dés de courgette et d'aubergine avec un filet d'huile d'olive en remuant de temps en temps.

4
Une fois que les poivrons sont bien tendres, ajoutez-les au mélange courgettes-aubergines, puis mélangez soigneusement le tout. Salez et poivrez. Laissez cuire à feu moyen, pendant quelques minutes, afin que les saveurs se mêlent bien, puis retirez du feu. Servez aussitôt.

Préparation : 20 min **Réfrigération :** 2 h

ESPAGNE

SALMOREJO

Pour 4 personnes
1 kg de tomates
200 g de pain rassis
15 cl d'huile d'olive
1 gousse d'ail
Sel

MATÉRIEL
Mixeur

1
Équeutez et lavez les tomates, coupez-les en quartiers.
Versez-les dans le bol du mixeur et faites fonctionner l'appareil.

2
Coupez le pain en petits morceaux, ajoutez-les dans le bol du mixeur. Complétez avec la gousse d'ail pelée et du sel. Versez l'huile d'olive petit à petit et mixez jusqu'à l'obtention d'une texture homogène. Placez la soupe au frais, pendant au minimum 2 h, avant de la savourer

CONSEIL
Au moment de servir, vous pouvez ajouter des morceaux de jambon cru ou encore de l'œuf dur.

Préparation : 15 min **Cuisson :** 55 min

CUISINE CRÉOLE

FLAN DE PAPAYE VERTE

Pour 8 personnes
1 papaye verte de 1 kg environ
6 œufs
20 cl de crème fraîche
50 g de beurre + beurre pour les moules
2 cuil. à soupe d'huile
2 gousses d'ail
½ botte de persil plat
Sel, poivre noir

MATÉRIEL
8 ramequins
Sauteuse
Mixeur

1

Coupez la papaye en quatre, épépinez et pelez les quartiers et coupez chacun d'eux en petits morceaux. Pelez et émincez l'ail ; lavez le persil et hachez-le.

2

Dans la sauteuse, faites chauffer l'huile et le beurre, ajoutez l'ail, le persil et les morceaux de papaye. Salez, poivrez et faites revenir 10 min en remuant sans cesse.

3

Préchauffez le four à 150 °C (th. 5). Battez les œufs en omelette. Dans le bol du mixeur, mettez la crème, les œufs battus et le contenu de la sauteuse. Mixez jusqu'à l'obtention d'une purée fine.

4

Beurrez 8 ramequins et remplissez-les de la préparation. Mettez les ramequins dans un plat contenant 2 cm d'eau. Glissez le plat dans le four et faites cuire au bain-marie pendant 45 min. Servez avec un coulis de tomates.

Niveau FACILE

Préparation : 20 min par type de frites **Cuisson :** 20 min par type de frites
CUISINE CRÉOLE

FRITES D'IGNAME,
DE FRUIT À PAIN ET DE PATATE DOUCE

Pour 6 personnes

Pour les frites de fruit à pain
1 fruit à pain de 1,5 kg, choisi très ferme
1 litre d'huile pour friture
Sel

Pour les frites de patates douces
2 kg de patates douces
1 litre d'huile pour friture
Sel

Pour les frites d'ignames
1,5 kg d'ignames blanches
1 litre d'huile pour friture
Sel

MATÉRIEL
Linge propre
Friteuse
Papier absorbant

1

Pour les frites de fruit à pain : coupez le fruit à pain en quartiers, pelez chaque quartier et retirez la partie spongieuse du centre. Débitez le fruit à pain en frites d'environ 2 cm d'épaisseur. Lavez-les et essuyez-les avec le linge propre.

2

Faites chauffer l'huile à 180 °C et plongez-y les frites. Au bout de 5 min de cuisson, égouttez les frites 2 à 3 min avant de les replonger dans l'huile chaude pendant 5 min. Égouttez les frites sur du papier absorbant, mettez-les sur un plat, salez et servez.

3

Pour les frites d'ignames : pelez les ignames et coupez-les en tronçons d'environ 7 cm. Recoupez chaque tronçon en bâtonnets. Mettez les bâtonnets dans le linge propre et séchez-les.

4

Faites chauffer l'huile à 180 °C, plongez-y la moitié des frites d'igname et faites-les frire 10 min. Égouttez-les sur du papier absorbant et réservez au four. Faites frire le reste des frites. Mettez-les sur un plat. Salez et servez chaud.

5

Pour les frites de patates douces : brossez les patates douces sous l'eau courante. Pelez-les, coupez-les en bâtonnets de 2 cm d'épaisseur et essuyez-les avec le linge propre.

6

Faites chauffer l'huile à 170 °C, plongez-y la moitié des frites pendant 5 min et soulevez le panier pour qu'elles puissent s'égoutter. Laissez en attente 3 min puis replongez les frites 5 min dans le bain de friture. Répétez ces opérations avec le reste des frites. Posez les frites sur un plat, salez-les et servez-les en accompagnement d'une viande ou d'un poisson.

Niveau FACILE

Préparation : 40 min **Cuisson :** 20 min

CUISINE CRÉOLE

GRATIN
DE BANANES PLANTAIN

Pour 6 personnes
2 kg de bananes plantain bien mûres mais fermes
50 g de farine
1 litre de lait
50 g de beurre + beurre pour le plat
1 litre d'huile pour friture
Sel, poivre noir

MATÉRIEL
Friteuse
Papier absorbant
Plat à gratin

1

Épluchez les bananes plantain et coupez-les en tranches fines dans la longueur.

2

Faites chauffer l'huile à 180 °C. Plongez les tranches de bananes dans la friture par petites quantités et laissez-les frire 3 ou 4 min. Égouttez-les au fur et à mesure sur du papier absorbant. Préchauffez le four à 180 °C (th. 6).

3

Préparez une béchamel : faites fondre le beurre à feu doux dans la casserole. Hors du feu, ajoutez la farine et tournez avec une cuillère en bois pour bien mélanger. Salez, poivrez et versez le lait petit à petit sans cesser de tourner. Arrêtez la cuisson dès l'ébullition.

4

Beurrez le plat à gratin. Remplissez-le alternativement de couches de bananes et de couches de béchamel en terminant par une couche de béchamel. Glissez le plat dans le four et faites cuire pendant 20 min. Servez chaud.

CONSEIL
Cuisinées au gros sel, en friture, en gratin ou en sauce, les bananes plantain font couramment office de légumes.

Les produits d'épicerie bio

Marie-Laure André

Tofu, soja, laits végétaux… tous ces produits sont attractifs, mais on ne sait pas toujours comment les préparer ou les utiliser. Voici quelques pistes pour vous aider.

* **Marie-Laure André** est diététicienne en milieu hospitalier depuis plus de 15 ans, où elle s'est spécialisée dans la prise en charge nutritionnelle de l'insuffisance rénale, du diabète et de l'obésité. Elle intervient également à l'Institut Universiatire de Technologie de Toulon – La Garde depuis plusieurs années auprès d'étudiants en diététique. Passionnée par l'alimentation plaisir et l'alimentation santé, elle est l'auteure de plusieurs ouvrages de diététique et de recettes.

LES LAITS VÉGÉTAUX

Pour remplacer le lait, de nombreux jus végétaux (communément appelés « laits végétaux ») sont disponibles en grande surface et en épicerie bio : lait d'amandes, lait de noisettes, lait de soja, lait d'avoine, lait d'épeautre, lait de coco, lait de riz…

LE BON CHOIX

Choisissez de préférence les versions enrichies en calcium, nature ou aromatisées selon l'utilisation : nature pour les inclure dans des préparations salées ou sucrées, aromatisées si vous les consommez en boisson.

Pour préparer des laits végétaux maison, reportez-vous à la page 32.

BON À SAVOIR

Les laits de chèvre et de brebis contiennent du lactose, mais pas de protéines de lait de vache. Les produits laitiers de chèvre ou de brebis sont donc de bonnes alternatives pour les personnes allergiques aux protéines de lait de vache.

LES CRÈMES VÉGÉTALES

La crème de soja peut être utilisée en remplacement de la crème classique, pour apporter de l'onctuosité à vos potages, pour réaliser des gratins ou pour lier une sauce.

La crème de coco peut également être utilisée dans les préparations salées ou sucrées, tout en apportant une saveur particulière, idéale pour les veloutés de chou-fleur ou pour tous les desserts à base de noix de coco.

Les crèmes de riz, d'avoine ou d'amande remplaceront la crème classique dans les gratins de légumes et aux préparations sucrées ou salées.

LE SOJA

LE TOFU SOYEUX
Le tofu soyeux est idéal pour remplacer le lait et la crème (voire les œufs) dans les préparations sucrées et salées car sa saveur est neutre : quiches, flans de légumes, milkshakes aux fruits, crèmes dessert, cheesecakes, clafoutis, pâte à crêpes… Son onctuosité et sa légèreté vous séduiront à coup sûr. Il peut aussi être utilisé comme base de sauce pour les crudités.

Côté nutrition, c'est un produit 100 % végétal, naturellement sans cholestérol et pauvre en calories, de quoi ravir les personnes soucieuses de leur silhouette.

Pour réaliser du tofu soyeux maison, reportez-vous à la page 20.

LE TOFU FERME
Coupez le tofu ferme en petits morceaux et incorporez-le dans des soupes chinoises ou dans des plats de légumes sautés au wok. Le tofu prend le goût des aliments et des sauces auxquels il est associé.

LES STEAKS DE SOJA ET DE LÉGUMINEUSES
Les steaks végétaux, à base de soja et/ou de légumineuses sont une excellente alternative à la viande pour l'apport en protéines. N'hésitez pas à intégrer des pousses de soja dans vos steaks de légumineuses maison (voir page 28).

LES YAOURTS DE SOJA
Vous trouverez facilement des yaourts au soja enrichis en calcium, nature ou aux fruits, ainsi que des crèmes dessert au soja aromatisées à la vanille, au chocolat, au café… Vous pouvez également réaliser vous-même des yaourts de soja avec une yaourtière.

LA CRÈME DE SOJA
Elle remplace la crème fraîche classique et le jus de soja (improprement appelé « lait de soja ») remplace le lait de vache dans les préparations sucrées et salées

AUTRES PRODUITS D'ÉPICERIE BIO

LES PURÉES D'OLÉAGINEUX
Un peu de purée d'amandes, de sésame, de noix de cajou ou de noisettes, c'est tout simplement délicieux sur les tartines du matin. Vous pouvez aussi les incorporer dans vos préparations, salées ou sucrées (tartes, quiches, gâteaux…), à la place du beurre ou de la crème.
Pensez également à les incorporer dans vos potages ou risotto, ils n'en seront que meilleurs. Les purées d'oléagineux apportent du fondant et une saveur incomparable, sans oublier des graisses d'excellente qualité pour l'équilibre nutritionnel.

LES ALGUES
Spiruline, nori, dulse, walamé… elles sont incontournables en alimentation vegan. Elles représentent une mine d'or nutritionnelle : protéines d'excellente qualité, acides gras essentiels, vitamines, fer, calcium, magnésium et composés antioxydants.

Vous pouvez les cuisiner ou les intégrer dans des salades composées.

Niveau TRÈS FACILE

Préparation : 20 min

THAÏLANDE

TOFU SOYEUX
AU GINGEMBRE, MENTHE ET CONCOMBRE

Pour 6 personnes
2 cm de gingembre frais
1 petit concombre
½ botte de menthe
1 botte de coriandre
1 citron vert
1 cuil. à café de sucre de palme ou de cassonade
1 cuil. à soupe de sauce nuoc-mâm
1 cuil. à soupe de sauce soja
400 g de tofu soyeux (dans les épiceries asiatiques ou bio)
Sel

MATÉRIEL
Passoire
Presse-agrumes

1

Pelez le gingembre et coupez-le en bâtonnets les plus fins possible. Épluchez le concombre, fendez-le en quatre dans le sens de la longueur afin de retirer les graines, puis détaillez-le en bâtonnets de 3 ou 4 cm de longueur. Placez-les dans la passoire et saupoudrez-les de sel. Laissez-les dégorger le temps de préparer le reste de la recette.

2

Effeuillez et hachez grossièrement la menthe et la coriandre. Pressez le citron et mélangez le jus avec le sucre, la sauce nuoc-mâm, le gingembre et la sauce soja.

3

Taillez le tofu soyeux en tranches épaisses et répartissez-les sur un plat de service. Parsemez de concombre et d'herbes, puis arrosez de sauce.

CONSEILS
Si vous le désirez, ajoutez dans la sauce 1 ou 2 pincées de piment de Cayenne ou d'Espelette en poudre. Le tofu soyeux est celui qui a, d'après moi, la texture la plus agréable. Si vous n'en trouvez pas, remplacez-le par du tofu classique.

Préparation : 20 min **Cuisson :** 30 min

THAÏLANDE

CURRY DE LÉGUMES
À LA NOIX DE COCO

Pour 6 personnes

1 tête de brocoli
150 g de haricots verts
Environ 6 mini épis de maïs
6 champignons de Paris
1 patate douce
1 poignée de tomates cerise
½ botte de coriandre

1 citron vert
2 cuil. à soupe de noix de coco râpée séchée
2 cuil. à soupe de pâte de curry jaune
2 cuil. à soupe d'huile végétale
1 l de lait de coco
1 cuil. à soupe de sauce nuoc-mâm
Sel, poivre

1

Détaillez le brocoli en fleurettes. Équeutez les haricots. Rincez les épis de maïs et coupez-les en deux dans le sens de la longueur. Nettoyez les champignons et taillez-les en quatre. Épluchez la patate douce et émincez-la en rondelles de 1 cm d'épaisseur. Nettoyez et coupez les tomates en quartiers. Effeuillez la coriandre. Pressez le citron.

2

Dans une poêle sans matière grasse, faites revenir la noix de coco râpée sans cesser de remuer, jusqu'à ce qu'elle brunisse légèrement. Retirez-la aussitôt de la poêle.

3

Dans une casserole, faites revenir la pâte de curry dans l'huile chaude pendant 2 ou 3 min. Versez alors le lait de coco, le jus de citron et la sauce nuoc-mâm. Portez à ébullition, vérifiez l'assaisonnement et ajoutez la patate douce. Laissez cuire 10 min. Ajoutez alors le brocoli, les haricots, le maïs et les champignons. Prolongez la cuisson de 15 min. Il faut que les légumes soient complètement recouverts de lait de coco et qu'ils soient moelleux au terme de la cuisson.

4

Disposez les légumes sur un plat. Arrosez de 1 ou 2 louche(s) de bouillon de cuisson. Assaisonnez puis ajoutez les tomates cerise, la coriandre et la noix de coco grillée avant de servir.

CONSEIL
*Pour apporter un peu de croustillant à vos légumes,
ajoutez des cacahuètes grillées concassées en même temps que la noix de coco.*

Préparation : 25 min   **Cuisson :** 20 à 25 min

ÉTATS-UNIS

PAIN DE MAÏS
AU MIEL

Pour 4 à 6 personnes
250 g de farine
250 g de farine de maïs
2 cuil. à soupe de levure chimique ou baking powder
1 cuil. à café de bicarbonate de soude
1 cuil. à café de sel
4 gros œufs
150 g de miel liquide
150 g de beurre doux (à température ambiante) + un peu pour le moule
25 cl de lait
Pour la finition
20 g de beurre
20 g de miel

MATÉRIEL
Moule de 22 x 32 cm environ
Pinceau

1

Préchauffez le four à 210 °C (th. 7). Beurrez le moule.

2

Dans un large récipient, mélangez les deux farines, la levure, le bicarbonate et le sel. Creusez un puits et versez-y les œufs, le miel, le beurre très mou et le lait. Commencez par mélanger au milieu avec une spatule en bois puis incorporez progressivement la farine.

3

Une fois que le mélange est bien homogène, versez la pâte dans le moule beurré puis enfournez pour 20 à 25 min.

4

Faites fondre les 20 g de beurre et mélangez-le avec le miel. Badigeonnez le gâteau de ce mélange à l'aide d'un pinceau. Laissez complètement le gâteau refroidir dans le moule puis coupez-le en parts avant de le déguster.

Préparation : 20 min   **Cuisson :** 2 min

ÉTATS-UNIS

COLESLAW

Pour 4 personnes
¼ de chou blanc
2 carottes
2 cuil. à soupe de pignons de pin
2 cuil. à soupe de yaourt nature onctueux
3 cuil. à soupe de mayonnaise
1 cuil. à soupe de vinaigre de cidre
2 cuil. à soupe de raisins secs
Sel et poivre

1

Hachez le chou au robot ou avec un couteau bien affûté. Pelez et râpez les carottes. Faites griller les pignons dans une poêle.

2

Préparez la sauce dans un bol en mélangeant le yaourt, la mayonnaise et le vinaigre de cidre.

3

Salez, poivrez et versez sur les crudités.

4

Ajoutez les raisins secs et les pignons grillés. Mélangez bien.

5

Dégustez frais.

Préparation : 20 min **Cuisson :** 15 à 20 min

ÉTATS-UNIS

GRATIN DE MACARONIS

Pour 4 personnes
400 g de macaronis
1 cube de bouillon de légumes
2 œufs
25 cl de crème fraîche
125 g de gruyère râpé
30 g beurre + 10 g pour le plat
Gros sel et poivre

1

Faites bouillir 1,5 l d'eau avec le bouillon de légumes et du gros sel. Une fois l'eau à ébullition, plongez-y les pâtes et faite-les cuire al dente le temps indiqué sur le paquet.

2

Dans un bol, mélangez les œufs avec la crème fraîche et du poivre.

3

Égouttez les pâtes et mélangez-les avec la préparation à base d'œufs. Beurrez un plat puis versez les pâtes dedans, parsemez de gruyère et de dés de beurre sur le dessus. Enfournez pour 15 à 20 min, le temps que les pâtes soient bien gratinées.

4

Dégustez chaud.

Préparation : 25 min **Cuisson :** 15 min

CHINE

NOUILLES SAUTÉES

Pour 4 à 6 personnes

1 sachet de nouilles chinoises, fraîches de préférence
1 carotte
1 oignon blanc
Quelques pois gourmands équeutés (si possible)
100 g de pousses de bambou
1 petit morceau de blanc de poireau
1 petit morceau de gingembre frais
4 gousses d'ail
4 champignons noirs, réhydratés
10 cuil. à soupe de sauce soja
4 cuil. à soupe de sauce aigre-douce
Quelques brins de coriandre
Huile pour la cuisson
Sel, poivre

1

Épluchez la carotte et l'oignon. Coupez-les en fins bâtonnets. Ébouillantez un instant les pois gourmands, coupez-les comme la carotte. Détaillez les pousses de bambou pareillement. Épluchez, puis hachez le poireau, le gingembre et l'ail.

2

Faites bouillir une casserole d'eau, plongez-y les nouilles. Comptez 2 ou 3 min de cuisson, puis égouttez les nouilles, en gardant une petite tasse de leur eau de cuisson.

3

Faites chauffer le wok à feu vif avec un bon trait d'huile. Quand elle est bien chaude, ajoutez le gingembre, le poireau, la carotte, l'oignon, les pousses de bambou, les pois gourmands et les champignons noirs hachés. Salez, poivrez et faites sauter pendant 4 ou 5 min. Ajoutez les nouilles, mélangez et faites sauter 2 ou 3 min de plus.

4

Pendant ce temps, mélangez la sauce soja avec l'ail haché et la sauce aigre-douce. Versez cette préparation sur les pâtes, ajoutez un peu d'eau de cuisson des pâtes, mélangez, laissez cuire 2 ou 3 min supplémentaires. Décorez de quelques brins de coriandre, servez aussitôt.

Préparation : 45 min   **Cuisson :** Quelques minutes

JAPON

TEMPURA

Pour 4 personnes

Pour la pâte
200 g de farine
100 g de Maïzena
1 sachet de levure
36 cl d'eau froide

Pour les légumes
1 poivron
1 petite aubergine
1 petite courgette
6 shiitakés
16 pois mange-tout
8 tranches de racine de lotus

4 litres d'huile végétale pour friture
Chapelure japonaise (facultatif)

Pour la sauce
40 g de daikon
20 cl de sauce soja légère
30 cl de bouillon dashi
5 cl de mirin

MATÉRIEL
Friteuse ou grande casserole
Papier absorbant

1

Préparez la pâte. Dans un saladier, mélangez les ingrédients afin d'obtenir une pâte lisse, sans grumeaux.

2

Lavez et essuyez les légumes. Épépinez le poivron et coupez-le en lanières de 1 à 2 cm de large. Coupez l'aubergine et la courgette en tranches biseautées de 8 mm d'épaisseur en conservant la peau. Éliminez la queue des shiitakés. Effilez les pois mange-tout. Épongez soigneusement le lotus. Si la racine est entière, émincez-la en tranches de 8 mm de large.

3

Préparez la sauce. Râpez finement le daikon et placez-le dans un saladier. Ajoutez le mirin, la sauce soja légère et le bouillon dashi. Mélangez cette sauce et répartissez-la dans les bols de service. Mettez-la de côté.

4

Dans une grande casserole ou une friteuse, portez l'huile d'arachide à 170 °C. Plongez les lanières de poivron dans la pâte. Récupérez-les avec une fourchette et laissez s'égoutter l'excédent de pâte un instant. Éventuellement, passez-les dans la chapelure japonaise. Plongez délicatement les légumes dans la friture, assez rapidement, mais l'un après l'autre pour éviter qu'ils ne se collent entre eux. Laissez frire pendant 1 à 2 min, égouttez et réservez au chaud sur du papier absorbant. Répétez cette opération le plus rapidement possible pour les autres légumes. Disposez les beignets cuits sur un plat ou des soucoupes en mariant les formes et les couleurs. Servez aussitôt avec la sauce et dégustez sans attendre.

Préparation : 25 min **Cuisson :** 1 h 30 min

INDONÉSIE

LÉGUMES URAP

Pour 4 personnes

2 aubergines, cuites au four
1 poivron
1 chayotte
1 oignon blanc
1 banane plantain
1 morceau de courge ou de potimarron
1 poignée de haricots mangetout
3 gousses d'ail
1 noix de gingembre frais
1 blanc de petit poireau

1 cuil. à soupe rase de curcuma
5 pincées de coriandre en poudre
1 cuil. à soupe de sambal oelek
1 litre de lait de coco
1 citron vert
Quelques tiges de ciboule
Noix de coco râpée
Huile de piment
Huile végétale
Sel, poivre

1

Coupez les aubergines cuites en gros morceaux, épépinez et coupez le poivron (en carrés ou en lanières), coupez la chayotte de la même manière. Épluchez l'oignon et détaillez-le en tranches. Épluchez la banane et la courge, coupez-les en tranches, en dés ou en lanières. Équeutez les haricots mangetout.

2

Épluchez et hachez l'ail, le gingembre. Lavez le poireau, coupez-le finement. Dans une cocotte, faites chauffer un peu d'huile végétale. Ajoutez le poireau et le gingembre. Laissez cuire un peu, puis ajoutez tous les autres légumes et les épices. Versez aussi le lait de coco et le jus de citron vert. Salez et poivrez.

3

Portez à ébullition, couvrez et laissez mijoter 1 bonne heure. Quand les légumes sont bien cuits et parfaitement tendres, retirez la cocotte du feu. Goûtez, assaisonnez plus si besoin est, ajoutez la ciboule hachée et un petit trait d'huile de piment. Saupoudrez de noix de coco râpée et servez chaud avec du riz blanc en accompagnement.

Préparation : 35 min **Repos :** 30 à 40 min **Cuisson :** 15 min

BOLIVIE

EMPANADAS DE QUESO
(CHAUSSONS AU FROMAGE)

Pour 4 personnes
150 g de fromage fondant (gruyère, gouda, etc.)
Une pincée de quatre-épices (facultatif)
Quelques brins de persil (facultatif)
Huile de friture

Pour la pâte
500 g de farine
125 g de beurre demi-sel fondu
1 pincée de sel
1 œuf (facultatif)

1

Préparez la pâte des chaussons : mélangez la farine et le sel. Faites un puits et versez le beurre fondu. Mélangez avec une cuillère en bois. Ajoutez l'œuf et faites une boule. Couvrez et laissez reposer 30 à 40 min à température ambiante.

2

Divisez la pâte en plusieurs boules de taille moyenne. À l'aide d'un rouleau à pâtisserie, étalez chacune d'elles en galettes circulaires de 10 à 12 cm de diamètre sur 5 mm d'épaisseur maximum.

3

Coupez le fromage en morceaux. Garnissez chaque galette d'un peu de fromage, en déposant celui-ci sur la moitié de la galette. Ajoutez éventuellement du quatre-épices et du persil ciselé.

4

Refermez les galettes en repliant la partie non garnie sur la partie garnie. Repliez le bord inférieur des galettes sur le bord supérieur pour bien les souder. Pour cela, formez des plis en roulant les bords entre vos doigts.

5

Faites chauffer de l'huile dans une sauteuse (assez pour y plonger les empanadas jusqu'à la moitié de leur épaisseur). Faites frire les empanadas environ 1 min de chaque côté (elles doivent être bien dorées), puis épongez-les sur du papier absorbant avant de les déguster.

Préparation : 20 min **Cuisson :** 20 à 25 min

Pour 4 personnes
12 œufs à température ambiante
200 g de crème fraîche
100 g de parmesan fraîchement râpé
1 ou 2 pincées de noix de muscade râpée
4 ou 5 cœurs de palmier
Beurre pour les moules
Sel, poivre du moulin

MATÉRIEL
Batteur électrique
4 cercles à pâtisserie ou petits ramequins
Papier sulfurisé (facultatif)

1

Préchauffez le four à 200 °C (th. 6-7). Séparez les blancs des jaunes d'œufs. Dans un saladier, montez les blancs d'œufs en neige ferme avec une pincée de sel à l'aide du batteur électrique. Les blancs montés doivent rester accrochés au fouet lorsqu'on le soulève.

2

Dans un bol, battez légèrement les jaunes d'œufs en omelette à la fourchette, puis incorporez-les délicatement aux blancs en neige à l'aide d'une cuillère en bois.

3

Ajoutez également la crème fraîche tout en battant afin de garder une préparation très ferme. Terminez en incorporant petit à petit le parmesan râpé et la noix de muscade, toujours en battant. Salez et poivrez. Taillez les cœurs de palmier en rondelles fines et ajoutez-les à l'appareil à soufflé.

4

Beurrez les cercles à pâtisserie ou les ramequins, idéalement au pinceau pour laisser le moins de trace possible. Si vous utilisez les cercles à pâtisserie, posez-les sur une plaque de cuisson tapissée de papier sulfurisé. Versez la préparation dans les ramequins ou les cercles, puis enfournez pour 20 à 25 min de cuisson. Surtout n'ouvrez pas la porte du four pendant la cuisson. Servez dès la sortie du four pour ne pas que les soufflés retombent.

Préparation : 25 min **Cuisson :** 45 min **Cuisson :** 15 min
GRÈCE

SPANAKOPITA
(FEUILLETÉS AUX ÉPINARDS)

Pour 4 personnes
1 paquet de pâte filo (environ 12 feuilles)
600 g de pousses d'épinard
1 poireau
4 oignons nouveaux
200 g de feta
½ bouquet d'aneth
7 cuil. à soupe d'huile d'olive vierge extra
Sel et poivre du moulin

1
Rincez les pousses d'épinard et essorez-les bien. Lavez le poireau et les oignons nouveaux, émincez la partie blanche et vert pâle seulement. Hachez l'aneth.

2
Dans un grand récipient, émiettez la feta puis ajoutez les pousses d'épinard, le poireau et les oignons émincés et l'aneth. Versez par-dessus l'huile d'olive, salez peu et poivrez. Mélangez avec les mains.

3
Préchauffez le four à 180 °C (th. 6). À l'aide d'un pinceau, huilez 2 feuilles de pâte filo et disposez-les l'une sur l'autre. Coupez ces 2 feuilles en trois dans le sens de la longueur afin d'obtenir de longs rectangles d'environ 10 cm de large. Faites de même avec les autres feuilles.

4
Pendant la réalisation des triangles, recouvrez les bandes de pâte filo d'un linge humide pour éviter qu'elles ne sèchent. Déposez de la farce en bas d'une bande de pâte, rabattez un des côtés de sorte à former un triangle. Rabattez ensuite le triangle formé sur le reste opposé du rectangle de pâte filo. Renouvelez l'opération jusqu'à la fin du rectangle. Rentrez alors le morceau restant dans les plis du triangle formé.

5
Enfournez pour 45 min environ de cuisson. Sortez du four et laissez reposer quelques minutes avant de déguster.

Préparation : 30 min **Cuisson :** 30 min **Réfrigération :** 2 h
GRÈCE

PATATOKEFTES
(CROQUETTES DE POMMES DE TERRE)

Pour 4 personnes
1 kg de pommes de terre
1 œuf
4 oignons nouveaux
200 g de kefalotiri (fromage à base de chèvre et de brebis) ou de parmesan râpé
80 g de farine
50 cl d'huile pour friture
Sel et poivre du moulin
Gros sel

MATÉRIEL
Presse-purée

1
Dans une grande casserole d'eau salée, faites cuire les pommes de terre 20 à 30 min en fonction de la grosseur. Lavez et émincez les oignons nouveaux. Égouttez les pommes de terre et pelez-les puis réduisez-les en purée à l'aide d'une fourchette ou d'un presse-purée.

2
Incorporez à la pulpe de pomme de terre l'œuf, les oignons nouveaux et le fromage râpé. Salez et poivrez, mélangez bien. Placez au frais pendant 2 h.

3
Dans une casserole à fond épais, faites chauffer l'huile pour friture. Formez des boules de pomme de terre puis passez-les dans la farine en les aplatissant légèrement. Plongez les croquettes dans l'huile chaude pendant 3 à 4 min, le temps qu'elles soient bien dorées. Égouttez-les sur des feuilles de papier absorbant. Rectifiez l'assaisonnement si nécessaire.

4
Dégustez chaud.

Niveau FACILE

Préparation : 10 min   **Cuisson :** 30 min

MAROC

SOUPE DE POIS CASSÉS

Pour 6 personnes
300 g de pois cassés
3 gousses d'ail
½ cuil. à café de cumin en poudre
1 cuil. à café de gros sel
2 cuil. à soupe d'huile d'olive
½ cuil. à café de paprika

MATÉRIEL
Passoire
Mixeur

1

Rincez plusieurs fois les pois cassés. Mettez-les dans une casserole avec les gousses d'ail épluchées et le cumin en poudre. Couvrez le tout d'eau froide et portez doucement à ébullition. Laissez cuire à petit feu pendant 30 min. Ajoutez le gros sel à mi-cuisson.

2

Égouttez les pois cassés en gardant une partie de l'eau de cuisson. Mixez les pois cassés jusqu'à obtention d'une soupe bien veloutée, en ajoutant un peu d'eau de cuisson des pois cassés si nécessaire.

3

Servez la soupe bien chaude dans des bols individuels ou des assiettes creuses et décorez-la d'un filet d'huile d'olive et d'un peu de paprika.

Préparation : 15 min **Cuisson :** 40 min

MAROC

COUSCOUS
AUX POIS CHICHES ET AUX RAISINS SECS

Pour 6 personnes
1 oignon
300 g de pois chiches cuits en conserve
2 carottes
2 branches de céleri
1 bâton de cannelle
1 cuil. à café de curcuma
Quelques filaments de safran
200 g de raisins secs
500 g de semoule de couscous moyenne
100 g de beurre demi-sel
Harissa
2 cl d'huile d'olive
Gros sel

1
Épluchez et émincez l'oignon. Égouttez et rincez les pois chiches. Épluchez les carottes et taillez-les en tronçons. Taillez les branches de céleri en tronçons.

2
Dans une cocotte, faites chauffer l'huile d'olive. Faites-y revenir l'oignon pendant 3 min. Ajoutez tous les légumes et couvrez d'eau. Salez avec un peu de gros sel, puis ajoutez le bâton de cannelle, le curcuma et le safran. Faites cuire pendant 30 min à petit feu. Incorporez les raisins secs 10 min avant la fin de la cuisson.

3
Pendant ce temps, faites cuire la semoule de couscous comme indiqué p. 12-13
Avant de servir, faites fondre le beurre et incorporez-le à la semoule. Égrainez-la à la fourchette et faites-la réchauffer au four à micro-ondes.

4
Versez la semoule dans un grand plat creux en formant un puits au centre. Déposez-y tous les légumes, que vous aurez récupérés à l'aide de l'écumoire. Servez le couscous accompagné du bouillon et d'harissa.

Préparation : 10 min **Cuisson :** 2 min

VERRINES FRUITÉES
EN GELÉE

Pour 4 personnes
12 fraises
12 framboises
2 poignées de myrtilles
2 poignées de groseilles
2 g d'agar-agar
2 cuil. à café de feuilles de thé aux agrumes
4 cuil. à soupe de sirop d'agave

1

Faites bouillir 50 cl d'eau dans une casserole avec l'agar-agar. Versez sur les feuilles de thé et laissez infuser. Sucrez avec le sirop d'agave.

2

Pendant ce temps, rincez les fruits et répartissez-les dans 4 grands ramequins.

3

Filtrez le thé et versez-le sur les fruits. Laissez refroidir.

4

Conservez au réfrigérateur et, quand le thé est bien gélifié, servez.

ASTUCE
En hiver, utilisez un thé fruité et des suprêmes d'agrumes (pamplemousses, clémentines ou oranges) à la place des fruits rouges.

Préparation : 10 min **Cuisson :** 5 min
Réfrigération : 2 h

CRÈME À LA PISTACHE

Pour 4 personnes
100 g de purée de pistaches
25 cl de lait de coco
25 cl de crème d'amande
50 g de sucre de canne blond
2 g d'agar-agar
2 cuil. à soupe de pistaches concassées non salées

1

Dans une casserole, mettez la purée de pistaches et délayez petit à petit avec le lait de coco.

2

Incorporez la crème d'amande et le sucre de canne en mélangeant bien. Ajoutez l'agar-agar et chauffez en mélangeant.

3

Portez à ébullition pendant 30 s et versez dans des ramequins. Laissez refroidir et mettez au réfrigérateur pendant 2 h.

4

Au moment de déguster, saupoudrez de pistaches concassées.

ASTUCE
Essayez la version noisette en remplaçant la purée de pistaches par de la purée de noisettes et les pistaches concassées par du pralin.

Préparation : 20 min **Cuisson :** 50 min

GÂTEAU MOELLEUX
AUTOMNAL AUX RAISINS

Pour 4 personnes
1 belle grappe de raisin rouge bio
170 g de beurre demi-sel
3 œufs
120 g de sucre de canne (+ 1 cuil. à soupe pour la finition)
150 g de farine de riz
50 g de fécule de maïs
1 cuil. à café rase de gomme de guar
1 cuil. à café de bicarbonate
4 cuil. à soupe de graines de lin

MATÉRIEL
Moule à manqué
Papier cuisson

1

Préchauffez le four à 180 °C (th. 6). Lavez et coupez en deux les raisins puis enlevez les pépins. Dans une casserole, faites fondre le beurre. Dans un saladier, battez les œufs avec le sucre. Ajoutez la farine, la fécule, la gomme de guar et le bicarbonate. Mélangez et ajoutez le beurre fondu. Ajoutez les grains de raisin et 3 cuil. de graines de lin.

2

Mélangez à nouveau la préparation puis versez-la dans le moule préalablement chemisé de papier cuisson.

3

Dispersez sur le gâteau le reste de graines de lin. Saupoudrez de sucre de canne 3puis enfournez pour 50 min de cuisson.

CONSEIL
Utilisez des légumes frais lors de la saison des poivrons et des tomates.

Préparation : 40 min **Cuisson :** 25 min
Repos : 1 nuit

FRAISIER

Pour 1 fraisier

Pour la génoise
3 œufs
150 g de sucre
2 cuil. à soupe d'huile de pépins de raisin
100 g de farine
½ sachet de levure chimique

Pour la crème
70 cl de lait de soja
1 cuil. à café de vanille en poudre
3 jaunes d'œufs

150 g de sucre
5 cuil. à soupe bombées de fécule de maïs
3 cuil. à soupe de margarine
400 g de fraises

MATÉRIEL
Batteur
Cercle à pâtisserie
Film alimentaire

1

Préchauffez le four à 180 °C (th. 6). Séparez les blancs des jaunes d'œufs. Fouettez vivement les jaunes avec le sucre. Quand le mélange a blanchi, ajoutez l'huile et la farine, puis la levure chimique.

2

Fouettez les blancs en neige et incorporez-les délicatement à la préparation. Versez celle-ci dans un cercle à pâtisserie huilé. Enfournez pour 25 min.

3

Préparez la crème : faites chauffer le lait de soja avec la vanille. Fouettez les jaunes d'œufs avec le sucre et ajoutez la fécule de maïs. Ajoutez le lait bouillant petit à petit tout en fouettant. Reversez le mélange dans la casserole et faites épaissir à feu vif, tout en continuant de fouetter. Dès que la crème est bien épaisse, filmez-la au contact et réservez.

4

Démoulez la génoise et coupez-la en deux dans le sens de la largeur. Disposez le cercle sur un plat de service, et disposez une génoise au fond. Disposez les fraises équeutées et coupées en deux dans le sens de la longueur tout autour du cercle.

5

Une fois votre crème pâtissière tiédie, fouettez-la à l'aide d'un robot, et incorporez la margarine. Vous devez obtenir une texture lisse et homogène. Versez la crème sur les fraises et la génoise. Terminez par le dernier morceau de génoise. Réservez au frais une nuit avant de servir.

Préparation : 1 h **Cuisson :** 20 min
Repos : 12 h

ROYAL AU CHOCOLAT

Pour 6 personnes

3 œufs
100 g de sucre
80 g de farine
20 g de poudre d'amandes
2 cuil. à soupe d'huile de pépins de raisin
80 g de crêpes Gavottes
3 cuil. à soupe de pâte de praliné
40 cl de crème de coco

100 g de sucre glace
3 g d'agar-agar
200 g de chocolat noir
3 cuil. à soupe d'huile de coco

MATÉRIEL
Cercle à pâtisserie de 20 cm de diamètre

1

Préchauffez le four à 180 °C (th. 6). Dans un saladier, fouettez les jaunes d'œufs avec le sucre, ajoutez la farine, la poudre d'amandes et l'huile.

2

Montez les blancs en neige ferme. Incorporez un tiers des blancs en mélangeant bien, pour délayer la préparation, puis ajoutez le reste petit à petit en soulevant bien la préparation avec une maryse.

3

Versez l'appareil sur une plaque à pâtisserie avec du papier sulfurisé et enfournez pour 10 min. Laissez refroidir puis, à l'aide d'un cercle à pâtisserie à bord haut de 20 cm de diamètre, coupez un cercle de pâte. Disposez celui-ci dans un plat de service, et mettez le cercle autour.

4

Dans un bol, émiettez les crêpes Gavottes et ajoutez la pâte de praliné. Mélangez bien et disposez ce croustillant sur la génoise.

5

Versez la crème de coco dans une casserole, ajoutez le sucre glace tamisé et l'agar-agar. Portez à ébullition pendant 2 min, puis réservez.

6

Faites fondre le chocolat avec l'huile de coco au bain-marie, puis ajoutez-le à la crème de coco. Mélangez bien. Versez ce mélange sur le croustillant et laissez prendre au frais pendant 1 nuit. Décerclez et servez.

Préparation : 15 min   **Cuisson :** 30 min
Réfrigération : 30 min   **Turbinage :** 30 min

GLACE ABRICOT
ET AMANDE

Pour 4 personnes
500 g d'abricots frais
8 abricots secs
25 cl de crème d'amande
1 cuil. à soupe de purée d'amandes blanches
3 gouttes d'extrait d'amande amère
6 cl de sirop d'agave

1

Pochez les abricots frais 3 min dans de l'eau frémissante, puis pelez-les et dénoyautez-les.

2

Déposez-les dans le bol d'un mixeur avec le sirop d'agave, la crème d'amande,
la purée d'amandes blanches et l'extrait d'amande amère. Mixer finement le tout.

3

Coupez les abricots secs en petits dés de 0,5 cm. Mélangez-les aux abricots mixés.
Placez ce mélange 30 min au réfrigérateur ; il doit être bien frais avant d'être mis en sorbetière.

4

Turbinez la préparation en sorbetière pendant 30 min. Vous pouvez la conserver au congélateur
mais pensez à la placer au réfrigérateur 20 min avant de servir, afin que la glace ne soit pas trop dure.

Préparation : 15 min **Cuisson :** 12 min

COOKIES NOIX
ET CHOCOLAT

Pour 10 cookies
100 g de cerneaux de noix
80 g de chocolat noir
100 g de pois chiches cuits
30 g de graines de lin
7,5 cl de sirop d'agave
1 cuil. à café de poudre de vanille
1 cuil. à café de bicarbonate de soude
1 pincée de sel

1

Dans le bol d'un robot muni d'une lame en S, versez les pois chiches cuits. Ajoutez les cerneaux de noix.

2

Coupez le chocolat en petits morceaux et ajoutez-les dans le bol.

3

Passez les graines de lin au moulin à café et ajoutez-les. Elles remplaceront les œufs et donneront du liant.

4

Versez le sirop d'agave dans le bol, puis la poudre de vanille, le bicarbonate de soude et le sel.

5

Mixez le tout à pleine puissance. Vous devez obtenir une texture homogène et assez lisse.
Faites-le en plusieurs fois pour que le robot ne chauffe pas trop.

6

Préchauffez le four à 180 °C (th. 6).

7

À l'aide d'une cuillère à soupe, façonnez les biscuits sur une plaque à pâtisserie.
Enfournez pour 12 min de cuisson.

8

Sortez les cookies du four et laissez refroidir avant dégustation.

Préparation : 5 min   **Cuisson :** 1 min à 1 min 30

MUG CAKE
AU CHOCOLAT

Pour 2 mug cakes
4 cuil. à soupe de farine
2 cuil. à soupe de sucre de bouleau (ou de sucre complet)
2 pincées de vanille en poudre
1 grosse cuil. à soupe de margarine
4 carrés de chocolat noir
2 cuil. à soupe de lait d'avoine (ou autre lait végétal)
1 cuil. à café de levure chimique

1
Dans une tasse, mélangez tous les ingrédients secs.

2
Dans un bol, faites fondre la margarine et le chocolat noir, puis ajoutez le lait tout en fouettant vivement.

3
Ajoutez le mélange chocolat aux ingrédients secs et mélangez.
Disposez la tasse au micro-ondes et laissez cuire 1 min à 1 min 30 à la puissance maximale.

CONSEIL
À déguster tiède avec un verre de lait d'amandes.

Réfrigération : 1 nuit + 4 h   **Préparation :** 10 min

MOUSSE AU CHOCOLAT

Pour 2 personnes
1 boîte de 40 cl de lait de coco
2 cuil. à soupe de cacao en poudre
2 cuil. à soupe de sirop d'agave

1

La veille au soir, placez la boîte de lait de coco au réfrigérateur. Le jour même, ouvrez la boîte, prélevez uniquement la partie solide et déposez-la dans un saladier.

2

Mélangez vivement la crème de coco au batteur. Tamisez le cacao et ajoutez-le.

3

Ajoutez le sirop d'agave et mélangez de nouveau.

4

Répartissez dans des ramequins et placez au frais 4 h avant de déguster.

ASTUCE
À défaut de lait de coco, optez pour du tofu soyeux.

Préparation : 10 min **Cuisson :** 45 min

RIZ AU LAIT VÉGÉTAL

Pour 8 personnes
100 g de riz rond
1 l de lait de soja vanille
3 cuil. à soupe de sucre de canne blond
1 cuil. à soupe de purée d'amandes

1
Dans une casserole, versez le lait de soja vanille et portez à ébullition.

2
Ajoutez le sucre ainsi que la purée d'amandes et mélangez.

3
Baissez la température pour faire des petits bouillons et versez le riz en pluie dans la casserole.

4
Mélangez régulièrement jusqu'à ce que le riz affleure en surface.

5
Versez dans des bols et laissez refroidir avant de déguster tiède ou froid.

VARIANTE
Essayez aussi avec du lait de noisette.

Préparation : 15 min **Cuisson :** 50 min

CLAFOUTIS AUX CERISES

Pour 4 personnes
600 g de cerises
50 g de farine de blé T 65
60 g de fécule de maïs
100 g de sucre de canne blond
25 cl de lait de coco
25 cl de crème d'amande
100 g de tofu soyeux
1 cuil. à soupe de purée d'amandes blanches
1 cuil. à soupe de poudre de vanille
2 cuil. à soupe d'huile d'olive
½ cuil. à café de sel

1
Préchauffez le four à 200 °C (th. 6-7).

2
Mélangez la farine, la fécule de maïs, le sucre de canne blond et le sel. Réservez.

3
Dans un blender, versez le lait de coco, la crème d'amande, le tofu soyeux, l'huile d'olive, la purée d'amandes et la poudre de vanille. Mixez bien le tout.

4
Versez cette préparation sur les ingrédients secs, en mélangeant petit à petit pour ne pas former de grumeaux.

5
Déposez les cerises entières dans le fond d'un moule à manquer et versez la préparation.

6
Enfournez pour 50 min de cuisson. Servez tiède.

ASTUCE
Hors saison des cerises, utilisez des pruneaux.

Préparation : 15 min **Cuisson :** 5 min
Réfrigération : 2 h

PANNA COTTA
À LA FRAMBOISE

Pour 8 personnes
500 g de framboises
25 cl de lait de soja vanille
25 cl de crème de soja
7 cl de sirop d'agave
2 g d'agar-agar
2 cuil. à soupe de jus de citron

1
Dans une casserole, diluez l'agar-agar dans le lait de soja vanille et portez à ébullition pendant 1 min.

2
Ôtez du feu et ajoutez la crème de soja, mélangez. Ajoutez ensuite la moitié du sirop d'agave et mélangez de nouveau. Versez dans 4 ramequins et laissez refroidir.

3
Pendant ce temps, rincez les framboises, mettez-les dans un blender avec le jus de citron. Mixez le tout à pleine puissance pendant 2 min.

4
Passez les framboises mixées au chinois pour ôter toutes les petites graines. Ajoutez le reste de sirop d'agave au coulis de framboises filtré.

5
Placez les panna cotta et le coulis de framboises au réfrigérateur pendant 2 h.

6
Au moment de servir, répartissez le coulis de framboises sur les panna cotta.

ASTUCE
Variez les plaisirs en variant les coulis de fruits !

Niveau TRÈS FACILE

Préparation : 10 min

CRÉMEUX AU CHOCOLAT CRU,
FIGUES ET FRAMBOISES

Pour 4 personnes
1 avocat
1 banane
Le jus de ½ citron
10 cl de lait d'amande
4 figues sèches
1 cuil. à soupe de sirop d'érable
1 cuil. à soupe d'huile de coco
60 g de poudre de cacao cru
125 g de framboises
2 figues rouges

MATÉRIEL
Mixeur

1

Coupez l'avocat en deux, ôtez le noyau et prélevez la chair. Déposez-la dans le bol du mixeur avec la chair de la banane, le jus de citron, le lait d'amande, les figues sèches coupées en morceaux, le sirop d'érable et l'huile de coco fondue. Mixez jusqu'à ce que vous obteniez une texture homogène.

2

Versez la préparation obtenue dans un saladier et incorporez-lui le cacao cru. Réservez au frais. Servez avec les framboises et les figues coupées en morceaux.

INFO NUTRITION
Le cacao contient des composés aux forts pouvoirs antioxydants. Le cacao est aussi une excellente source de magnésium, de fer et d'oligoéléments. Consommé en petite quantité, il a un effet stimulant et antistress.

Préparation : 15 min   **Cuisson :** 40 min
Réfrigération : 4 h

CHEESECAKE
FRUIT DE LA PASSION

Pour 8 personnes

6 fruits de la Passion
200 g de noix de cajou
250 g de biscuits vegan type spéculoos
400 g de tofu soyeux
40 cl de lait de coco
2 g d'agar-agar
40 g de fécule de maïs
70 g de sucre

1 cuil. à café d'extrait de vanille
3 cl de sirop d'agave
40 g d'huile de coco
1 pincée de sel

MATÉRIEL
Cercle à pâtisserie de 20 cm de diamètre

1
La veille, faites tremper les noix de cajou. Égouttez-les au moment de préparer le cheesecake.

2
Le jour même, faites fondre l'huile de coco dans une casserole. Déposez les biscuits dans le bol d'un mixeur et versez l'huile de coco par-dessus avant de mixer.

3
Dans un cercle à pâtisserie d'environ 20 cm de diamètre, répartissez et tassez les biscuits. Réservez.

4
Préchauffez le four à 180 °C (th. 6).

5
Mixez le tofu soyeux et les noix de cajou avec le lait de coco. Ajoutez l'agar-agar, la fécule de maïs, le sel, le sucre et l'extrait de vanille. Mixez le tout et versez sur les biscuits tassés. Enfournez aussitôt pour 40 min de cuisson.

6
Pendant ce temps, prélevez la chair des fruits de la Passion. Passez au tamis pour ôter les graines. Ajoutez le sirop d'agave et mélangez. Réservez au frais.

7
Une fois le cheesecake cuit, laissez-le refroidir avant de le placer au moins 4 h au réfrigérateur. Au moment de servir, versez le coulis de fruits de la Passion sur le cheesecake.

Niveau TRÈS FACILE

Préparation : 15 min   **Cuisson :** 15 min

PÊCHES CRUES
ET CUITES POCHÉES À LA VANILLE

Pour 4 personnes
2 pêches jaunes
2 pêches blanches
1 gousse de vanille
4 brins d'origan
2 cuil. à soupe de sirop d'agave

MATÉRIEL
Casserole
Écumoire
Passoire fine

1
Dans la casserole, mélangez le sirop d'agave avec 50 cl d'eau. Fendez la gousse de vanille dans sa longueur, prélevez-en les graines et ajoutez-les dans la casserole ainsi que les brins d'origan. Mettez sur le feu et sitôt l'ébullition atteinte, plongez-y les pêches jaunes. Faites cuire à feu doux pendant 10 min, puis laissez refroidir les pêches dans le sirop.

2
Pelez les pêches blanches et coupez-les en quartiers. Retirez les pêches jaunes avec l'écumoire, pelez-les et coupez-les en quartiers. Filtrez le sirop vanillé à travers la passoire, faites-le réduire quelques minutes sur le feu et laissez refroidir.

3
Répartissez les pêches crues et cuites dans les assiettes à dessert et arrosez-les de sirop vanillé réduit.

Trempage : 1 nuit **Préparation :** 10 min
Cuisson : 10 min **Réfrigération :** 2 h

GÂTEAU DE SEMOULE

Pour 4 personnes
80 g de semoule de blé fine
50 cl de lait d'amande
60 g de raisins secs
6 cl de sirop d'érable
1 cuil. à soupe de purée d'amandes
1 cuil. à soupe d'extrait de vanille

1

Faites tremper les raisins secs pendant 1 nuit, puis égouttez-les.

2

Faites chauffer le lait d'amande et, pendant qu'il chauffe, ajoutez le sirop d'érable, la purée d'amandes et l'extrait de vanille. Mélangez et portez à ébullition.

3

Versez la semoule en pluie et les raisins secs dans le lait d'amande. Mélangez 1 min à feu doux puis versez dans des moules individuels en silicone.

4

Laissez refroidir, puis placez au réfrigérateur pendant 2 h pour les faire figer.

ASTUCE
Vous pouvez remplacer le sirop d'érable par du sirop d'agave.

Préparation : 15 min **Repos :** 1 h 25
Cuisson : 3 min par gaufre

GAUFRES LIÉGEOISES

Pour 4 personnes
15 cl de lait d'amande
1 sachet de levure de boulanger déshydratée
250 g de farine
de blé T 65
30 g de fécule de pomme de terre
30 g de sucre de canne blond
1 cuil. à café de cannelle en poudre
50 g de margarine végétale
40 g de purée d'amandes blanches
100 g de sucre perlé
6 cl d'huile d'olive
1 pincée de sel

1

Faites tiédir le lait d'amande à feu doux et versez-y la levure. Laissez reposer 10 min.

2

Pendant ce temps, mélangez la farine, la fécule de pomme de terre, le sucre de canne, le sel et la cannelle.

3

Ajoutez la margarine végétale à température ambiante, l'huile d'olive et la purée d'amandes. Versez le mélange lait d'amande-levure de boulanger puis pétrissez pendant 5 min.

4

Laissez reposez la pâte au chaud à couvert pendant 1 h.

5

Mélangez la pâte levée avec le sucre perlé. Façonnez des boules dans le creux de vos mains et laissez-les reposer encore 15 min.

6

Huilez et chauffez un gaufrier. Faites cuire la pâte pendant environ 3 min. Les gaufres doivent être dorées et se dégustent encore tièdes.

ASTUCE
Les gaufres sont cuites dès lors qu'elles ont pris une coloration caramel doré.

Préparation : 20 min   **Cuisson :** 40 min
Repos : 2 h

SQUARE AUX ABRICOTS

Pour 4 personnes
180 g de beurre demi-sel
20 cl d'eau
1 branche de romarin frais
190 g de sucre de canne
800 g d'abricots frais
1 g d'agar-agar
170 g de farine de riz
50 g de farine de quinoa
30 g de farine de lupin
70 g d'amandes en poudre
2 cuil. à soupe de pistaches non salées

MATÉRIEL
Moule carré ou rectangulaire (ou une plaque à pâtisserie)

1
Sortez le beurre du réfrigérateur. Dans une casserole, versez l'eau, le romarin et 80 g de sucre de canne. Portez l'ensemble à ébullition. Lavez, coupez en deux et dénoyautez les abricots. Ajoutez-les dans la casserole. mélangez et laissez cuire à couvert et à feu doux 5 min. Enlevez le couvercle, ajoutez l'agar-agar, mélangez et poursuivez la cuisson 5 min. Enlevez la branche de romarin.

2
Préchauffez le four à 180 °C (th. 6). Dans un saladier, mélangez les farines et 110 g de sucre. Ajoutez le beurre préalablement coupé et mélangez du bout des doigts comme pour un crumble.

3
Chemisez le moule de papier sulfurisé. Gardez un quart de la pâte de côté et déposez le reste au fond du moule. Étalez et tassez avec la paume de la main. Versez la poudre d'amandes sur la surface de la pâte. Ajoutez les abricots cuits et un filet de sirop de cuisson. Parsemez de pistaches, puis de la pâte restante. Enfournez 30 min. Laissez refroidir le square (environ 2 h) avant de le découper.

SUGGESTION
Conservez le jus de cuisson des abricots pour réaliser une petite gelée à base d'agar-agar. Ajoutez quelques abricots bien mûrs. Laissez prendre au frais et servez ce dessert accompagné d'une boule de glace ou de biscuits faits maison.

Préparation : 15 min   **Repos :** 1 h
Cuisson : 15 à 20 sec sur chaque face

CRÊPES

Pour 6 personnes
200 g de farine de riz
20 g de farine de teff
30 g de farine de quinoa
1 pincée de sel
40 g de sucre de canne
3 œufs
60 cl de lait demi-écrémé
60 g de beurre demi-sel
4 cuil. à soupe d'huile

1

Mélangez les différentes farines, disposez-les dans un saladier, creusez un puits, ajoutez le sel et le sucre. Mélangez progressivement et ajoutez les œufs en continuant de mélanger. Versez petit à petit le lait, toujours en mélangeant. La pâte doit être lisse et homogène. Ajoutez 50 g de beurre fondu ; mélangez bien. Si la pâte comporte des grumeaux, passez-la au travers d'une passoire fine.

2

Laissez reposer 1 h environ à température ambiante.

3

Dans un ramequin, versez l'huile et le reste de beurre préalablement fondu. Faites chauffer une crêpière (ou une poêle) légèrement enduite du mélange beurre-huile. Lorsque la crêpière est chaude, déposez la quantité de pâte appropriée et répartissez-la unifor-mément sur toute la surface.

4

Cuisez la pâte à feu moyen 15 à 20 sec de chaque côté. Renouvelez jusqu'à épuisement de la pâte.

SUGGESTIONS

Servez ces crêpes accompagnées de fruits frais, de sucre, de beurre et autres gourmandises (caramel au beurre salé, pâte à tartiner maison, confiture etc.).

Préparation : 20 min   **Repos :** 15 min
Cuisson : 30 à 45 min

TARTE
À LA NOISETTE ET PRUNES

Pour 6 personnes

Pour la pâte
125 g de beurre à température ambiante
50 g de sucre glace
80 g de poudre de noisettes
150 g de farine

Pour la garniture
120 g de beurre à température ambiante
100 g de sucre
3 œufs
110 g de poudre de noisettes
40 g de poudre d'amandes
3 cuil. à soupe de farine
10 prunes
2 pincées de sucre

1

Préparez la pâte : dans un saladier, mélangez le beurre avec le sucre, la poudre de noisettes et la farine. Mélangez bien jusqu'à ce que la pâte soit homogène, ajoutez un peu d'eau si nécessaire. Placez-la 15 min au frais.

2

Pendant ce temps, préparez la crème de noisettes : dans un saladier, mélangez le beurre avec le sucre. cassez les œufs un à un en mélangeant bien entre chacun. Ajoutez les poudres et la farine et remuez encore.

3

Préchauffez le four à 180 °C (th. 6). Lavez et coupez les prunes en deux. Étalez la pâte et disposez-la dans le moule. Versez la crème de noisettes et disposez les prunes dessus. Saupoudrez de sucre et enfournez pour 30 à 45 min. Surveillez bien la cuisson.

4

Laissez refroidir, démoulez et dégustez.

Préparation : 15 min   **Cuisson :** 45 min

GÂTEAU SANS GLUTEN
ET SANS LACTOSE AUX PÉPITES DE CHOCOLAT

Pour 8 personnes
80 g de margarine
3 œufs
120 g de sucre roux
180 g de farine de riz
1 sachet de levure chimique
10 cl de lait d'amandes
80 g de chocolat noir

1
Préchauffez le four à 180 °C (th. 6). Faites fondre la margarine.

2
Dans un saladier, fouettez les œufs avec le sucre. Ajoutez la farine et la levure. Délayez avec le lait et versez la margarine.

3
Concassez le chocolat et ajoutez-le à la pâte. Mélangez bien et versez la pâte dans le moule de votre choix.

4
Enfournez pour 45 min de cuisson. Le gâteau est cuit lorsqu'une lame de couteau enfoncée dedans ressort propre. Dégustez tiède.

Préparation : 20 min   **Cuisson :** 10 à 15 min

CRUMBLE À L'AVOINE
POMMES, POIRES ET CHOCOLAT

Pour 2 crumbles
1 pomme
1 poire
60 g de beurre à température ambiante
40 g de sucre
80 g de farine
40 g de flocons d'avoine
70 g de chocolat noir

MATÉRIEL
2 ramequins

1

Préchauffez le four à 200 °C (th. 6-7). Épluchez et coupez en dés la pomme et la poire ; disposez-les dans les ramequins.

2

Dans un saladier, mélangez le beurre avec le sucre, la farine et les flocons d'avoine. Coupez le chocolat finement. Répartissez le chocolat et la pâte à crumble sur les fruits.

3

Enfournez pour 10 à 15 min de cuisson.

SUGGESTION
Vous pouvez servir ce crumble avec une boule de glace vanille ou cannelle.

Préparation : 10 min **Cuisson :** 25 min

BROWNIES

Pour 6 personnes
200 g de chocolat à 65 %
200 g de beurre demi-sel
3 œufs
120 g de sucre de palme
120 g de farine de riz complète
60 g de farine de lin
1 sachet de levure
150 g de granola maison (voir recette p. 50) ou du commerce

MATÉRIEL
Mixeur
Moule carré ou rectangulaire

1

Préchauffez le four à 180 °C (th. 6). Dans une casserole, au bain-marie, faites fondre le chocolat et le beurre. Dans un saladier, fouettez les œufs entiers avec le sucre. Versez les farines et la levure, mélangez et ajoutez le beurre au chocolat. Mélangez et incorporez le granola.

2

Versez la préparation dans le moule et enfournez pour 25 min de cuisson.

3

Laissez complètement refroidir puis coupez le gâteau en parts.

VARIANTES
Si vous n'avez pas de sucre de palme, remplacez-le par du sucre de canne ou de coco.

Préparation : 45 min **Cuisson :** 20 min

BÛCHE AU CITRON
MERINGUÉE

Pour 6 personnes

Pour la génoise
4 œufs
1 pincée de sel
120 g de sucre
4 cl d'huile de pépins de raisin
½ cuil. à café de levure chimique
100 g de farine

Pour le sirop
2 cuil. à soupe de jus de citron
1 cuil. à soupe de sucre

Pour le lemon curd
20 cl de jus de citron
100 g de sucre
2 œufs
1 cuil. à café de Maïzena
10 cl de crème de soja

Pour la meringue italienne
100 g de sucre en poudre
40 g de blanc d'œuf (2 blancs)

MATÉRIEL
Poche à douille munie d'une douille cannelée

1

Commencez par la génoise. Préchauffez le four à 180 °C (th. 6). Séparez les blancs des jaunes. Fouettez les blancs avec le sel jusqu'à ce que le mélange soit mousseux ; ajoutez 3 cuil. à soupe de sucre au fur et à mesure en montant les blancs en neige ferme. Fouettez les jaunes avec le reste de sucre, l'huile et 1 cuil. à soupe d'eau jusqu'à ce que le mélange blanchisse. Incorporez la levure et la farine en trois fois, en mélangeant bien entre chaque ajout. Faites de même pour les blancs. Étalez la pâte à biscuit sur une plaque en silicone ou à pâtisserie chemisée d'un papier sulfurisé. Enfournez et laissez cuire pendant 12 min.

2

Pendant ce temps mélangez 3 cuil. à soupe d'eau, le jus de citron et le sucre. Placez au micro-ondes à la puissance maximale pendant 2 min. Puis, badigeonnez le dessus du biscuit avec le sirop. Retournez-le sur une feuille de papier sulfurisé, et démoulez-le. Enroulez-le dans le papier sulfurisé, recouvrez-le d'un torchon et réservez-le.

3

Préparez le lemon curd : faites chauffer dans une casserole le jus de citron, ajoutez le sucre et attendez qu'il commence à se dissoudre. Coupez le feu et laissez tiédir. Une fois le mélange tiédi, ajoutez les œufs tout en fouettant, et remettez à feu moyen. Ajoutez la Maïzena diluée dans 1 cuil. à soupe d'eau et attendez que le mélange épaississe mais tout en continuant de fouetter. Une fois que le mélange est épaissi, ajoutez la crème de soja pour diluer un peu et coupez le feu. Laissez tiédir. Déroulez le biscuit et garnissez-le de lemon curd, roulez bien serré.

4

Préparez la meringue à l'italienne : faites un sirop avec 3,5 cl d'eau et le sucre. Celui-ci doit atteindre 118 à 121 °C. Commencez à monter les blancs lorsque le sirop atteint 110 °C. Versez le sirop en filet sur les blancs en neige en commençant à monter. Continuez de fouetter jusqu'à ce que la meringue soit tiède (40 °C). Disposez la meringue dans une poche à douille, munie d'une douille cannelée, puis décorez votre bûche. À l'aide d'un chalumeau, brunissez la meringue. Conservez au frais, et décorez à votre convenance.

Préparation : 30 min **Cuisson :** 1 h
Repos : 1 h

FLAN PÂTISSIER

Pour 8 personnes

Pour la pâte
100 g de margarine
50 g de sucre glace
1 pincée de sel
30 g de poudre d'amandes
1 œuf
250 g de farine

Pour le flan
1 l de lait de soja vanille ou de lait d'amandes
1 gousse de vanille ou 1 cuil. à café de vanille en poudre
100 g de sucre
4 œufs
100 g de Maïzena

1

Mélangez la margarine avec le sucre glace, le sel, la poudre d'amandes et l'œuf. Ajoutez la farine en dernier, mélangez rapidement.

2

Réalisez une boule, enveloppez-la dans un film alimentaire puis laissez reposer au frais pendant 1 h.

3

Étalez la pâte à l'aide d'un rouleau, sur une épaisseur d'environ 2 à 3 mm, et disposez-la dans un moule à tarte. Préchauffez le four à 150 °C (th. 5). Faites cuire la pâte à blanc pendant 15 à 18 min, jusqu'à ce que la pâte soit colorée.

4

Préparez ensuite la crème : pour cela, faites chauffer le lait dans une casserole avec la gousse de vanille grattée ou la vanille en poudre, puis laissez refroidir.

5

Fouettez le sucre avec les œufs, ajoutez la Maïzena puis versez le lait tiédi par-dessus.

6

Reversez le tout dans une casserole et faites épaissir quelques minutes à feu doux en fouettant. Disposez la crème sur le fond de tarte refroidi et enfournez à 180 °C (th. 6) pendant au moins 40 min.

Préparation : 30 min   **Cuisson :** 40 min

BROOKIE
TOUT CHOCOLAT

Pour 1 brookie
Pour la pâte à brownies
2 œufs
125 g de sucre en poudre
150 g de chocolat noir
2 cuil. à soupe d'huile de noisettes
150 g de purée de noisettes
100 g de farine

Pour la pâte à cookies
125 g de margarine
100 g de sucre
1 œuf
170 g de farine
1 cuil. à café de levure chimique
50 g de chocolat noir

1

Préchauffez le four à 180 °C (th. 6). Commencez par la pâte à brownies : dans un saladier, fouettez les œufs avec le sucre.

2

Faites fondre le chocolat avec l'huile de noisettes, puis ajoutez la purée de noisettes. Mélangez bien. Ajoutez le mélange aux œufs et au sucre, puis ajoutez la farine. Versez la pâte dans un moule carré et beurré.

3

Préparez la pâte à cookies : dans un saladier, écrasez la margarine avec le sucre, ajoutez l'œuf et fouettez. Ajoutez petit à petit la farine et la levure. Concassez le chocolat au couteau et incorporez-le.

4

Versez la pâte à cookies sur la pâte à brownies et répartissez-la bien. Enfournez pendant 40 min. Laissez tiédir et démoulez.

Préparation : 15 min **Cuisson :** 20 min

CRUMBLE
FRAISES-AMANDES

Pour 4 personnes
400 g de fraises
140 g de purée d'amandes
2 cuil. à soupe d'huile de pépins de raisins
100 g de sucre roux
150 g de farine
½ cuil. à café de vanille en poudre

1

Dans un saladier, mélangez à l'aide d'une cuillère en bois la purée d'amandes, et l'huile.

2

Ajoutez le sucre et mélangez vivement. Ajoutez enfin la farine et la vanille en poudre. Travaillez la pâte avec les doigts.

3

Lavez et équeutez les fraises, coupez-les en deux et disposez-les dans un plat allant au four. Déposez la pâte à crumble par-dessus et recouvrez bien les fruits.

4

Enfournez pour 20 min à 180 °C (th. 6). Vous pouvez servir ce crumble accompagné d'un sorbet.

MESURES ET ÉQUIVALENCES

MESURER LES INGRÉDIENTS

INGRÉDIENTS	1 cuil. à café	1 cuil. à soupe	1 verre à moutarde
Beurre	7 g	20 g	-
Cacao en poudre	5 g	10 g	90 g
Crème épaisse	1,5 cl	4 cl	20 cl
Crème liquide	0,7 cl	2 cl	20 cl
Farine	3 g	10 g	100 g
Liquides divers (eau, huile, vinaigre, alcools)	0,7 cl	2 cl	20 cl
Maïzena®	3 g	10 g	100 g
Poudre d'amandes	6 g	15 g	75 g
Raisins secs	8 g	30 g	110 g
Riz	7 g	20 g	150 g
Sel	5 g	15 g	-
Semoule, couscous	5 g	15 g	150 g
Sucre en poudre	5 g	15 g	150 g
Sucre glace	3 g	10 g	110 g

MESURER LES LIQUIDES

1 verre à liqueur = 3 cl

1 tasse à café = 8 à 10 cl

1 verre à moutarde = 20 cl

1 mug = 25 cl

POUR INFO

1 œuf = 50 g

1 noisette de beurre = 5 g

1 noix de beurre = 15 à 20 g

RÉGLER SON FOUR

Température (°C)	Thermostat
30	1
60	2
90	3
120	4
150	5
180	6
210	7
240	8
270	9

TABLE DES RECETTES

A - B

- Aubergine à la tomate 168
- Baguette à la farine de lupin et graines de courge 22
- Barquettes d'endives au roquefort 82
- Barres de céréales 62
- Bouchées à la reine au tofu fumé 190
- Brioche à l'huile d'olive et aux raisins secs 46
- Brookie tout chocolat 370
- Brownies 364
- Brownies à la carotte 103
- Bruschetta aux graines germées 133
- Bûche au citron meringuée 366
- Burrata aux légumes croquants, pesto au vinaigre 274

C

- Cake « chorizo », olives et ail des ours 142
- Cake aux tomates confites 141
- Cannellonis à la brousse et aux épinards 164
- Chaussons de légumes à la feta 114
- Cheesecake fruit de la passion 346
- Chili végétarien 188
- Chou chinois sauté au wok 200
- Clafoutis aux cerises 341
- Clafoutis aux tomates cerise 239
- Coleslaw 296
- Cookies noix et chocolat 332
- Courge spaghetti à la bolognaise 208
- Couscous aux pois chiches et aux raisins secs 316
- Crackers à l'épeautre 76
- Crème à la pistache 323
- Crémeux au chocolat cru, figues et framboises 344
- Crêpes 357
- Crêpes aux épinards 160
- Croissants 44
- Croque-monsieur vert 196
- Croques chèvre et courgettes 108
- Croquettes aux flocons d'avoine et sauce aux herbes 226
- Croziflette de légumes 172
- Crumble à l'avoine pommes, poires et chocolat 362
- Crumble fraises-amandes 372
- Cuisson des céréales à l'étouffée 26
- Curry de légumes à la noix de coco 293

E - F

- Empanadas de queso (chaussons au fromage) 306
- Exotique 54
- Faire germer des graines 38
- Falafels 69
- Falafels au persil et leur crème de concombre 214
- Faux tarama 89
- Feuilletés au pesto et tomates séchées 98
- Feuilletés de « saucisse » 72
- Fèves coriandre et tomate 216
- Flan de courgettes 228

- Flan de papaye verte 284
- Flan pâtissier 369
- Flocons d'avoine crémeux, myrtilles et noisettes 65
- Fraisier 326
- Frites d'igname, de fruit à pain et de patate douce 286

G - H

- Galette aux légumes et râpé de chou blanc 218
- Galettes de céréales aux légumes et tofu fumé 186
- Gaspacho de tomates 148
- Gâteau de semoule 351
- Gâteau moelleux automnal aux raisins 324
- Gâteau sans gluten et sans lactose aux pépites de chocolat 361
- Gaufres liégeoises 352
- Glace abricot et amande 330
- Gnocchis au potimarron, sauce au parmesan 178
- Gobi paratha (galette fourrée au chou-fleur) 272
- Granola sans gluten aux graines et baies d'aguaymanto 50
- Gratin aux tagliatelles de légumes et aux deux fromages 234
- Gratin dauphinois 232
- Gratin de bananes plantain 288
- Gratin de courge butternut aux marrons 236
- Gratin de macaronis 299
- Green smoothie 52
- Guacamole à la spiruline 86
- Hachis Parmentier au soja 211
- Hoummos à l'avocat 70

L - M

- Lasagnes végétales 166
- Légumes urap 304
- Madeleines au chèvre et menthe 75
- Maki de chou vert 128
- Millefeuille de topinambour 147
- Minestrone paysan 198
- Mini-pizzas 85
- Mini-pizzas pomme, miel et camembert 96
- Mousse au chocolat 336
- Mousse de betterave 144
- Muffins au roquefort 116
- Mug cake au chocolat 334

N

- Naans maroilles-pommes 112
- Nems végétaux 136
- Nouilles aux œufs à l'asiatique ... 278
- Nouilles sautées 301
- Nuggets de pois chiches et purée de patates douces 212

O - P

- Œufs cocotte aux poivrons grillés et tomates séchées 106
- Paanch phoran patha gobi (chou aux cinq épices) 268

- Pain de maïs au miel 294
- Pains au lait de noisettes 49
- Pancakes au lait ribot, sirop d'agave et baies de goji 60
- Panna cotta à la framboise 342
- Patatokeftes (croquettes de pommes de terre) 312
- Pâte à pizza 12
- Pâte brisée 14
- Pâte feuilletée 10
- Pâté végétal aux olives 138
- Pêches crues et cuites pochées à la vanille 348
- Pilaf de quinoa 182
- Pisto manchego (Pisto manchois) 280
- Pizza aux légumes du soleil 265
- Pizza aux légumes grillés 250
- Pizza poireau-chèvre 244
- Pizza rolls 80
- Polenta crémeuse aux champignons 162
- Préparer du kale 40
- Préparer les légumineuses 24
- Préparer un lait végétal maison 32
- Préparer un steak de légumineuses 28
- Pruneaux farcis au fromage frais 90

Q

- Quenelles sauce champignons 194
- Quiche à la ratatouille 248
- Quiche aux poireaux 261
- Quiche presque lorraine 258
- Quiche tourbillon aux légumes 247

R

- Râpé de potimarron et carotte 123
- Ratatouille 158
- Raviolis aux pignons et aubergines 231
- Remplacer les œufs dans une recette 30
- Risotto à l'orge perlé et aux petits pois 220
- Risotto de poireaux 180
- Riz au lait végétal 339
- Rouleau printanier 127
- Royal au chocolat 329

S

- Salade de chèvre chaud au miel 130
- Salade de chou Kale à la grenade 120
- Salade de quinoa aux asperges 134
- Salmorejo 283
- Samoussa épinard et cresson 118
- Sauce pour crudités 92
- Scones au fromage 59
- Soufflé au fromage 174
- Soufflés au cœur de palmier 309
- Soupe de pois cassés 315
- Spaghettis quasi carbonara 206
- Spanakopita (feuilletés aux épinards) 310
- Square aux abricots 354
- Steak de lentilles et tomates à la provençale 205
- Steaks de haricots rouges 184
- Superfruits 56

T

- Taboulé de brocoli 124
- Tagliatelles au citron 277
- Tamator pyaz chutni
  (chutney rouge aux tomates
  et aux oignons) 270
- Tarte à l'oignon et à l'amande 243
- Tarte à la noisette et prunes 358
- Tarte à la tomate 262
- Tarte au potimarron 254
- Tartiflette de légumes 192
- Tartinade de tomates séchées 78
- Tatin d'endives, miel et chèvre 256
- Tempura 302
- Tian cru de betteraves
  aux pommes, vinaigrette
  aux herbes et graines de pavot 225
- Tian de légumes au fromage
  de brebis et aux fines herbes 170
- Tian de pommes de terre,
  tomates, courgettes, oignons
  et mozzarella 222
- Tofu nature 18
- Tofu soyeux 20
- Tofu soyeux au gingembre,
  menthe et concombre 290
- Tortillas aux légumes 111
- Tortillas de blé 16
- Tourte épinards-champignons 253

U - V - W

- Utiliser l'agar-agar 34
- Utiliser les purées d'oléagineux 36
- Végé burger 176
- Velouté courge, patate douce
  et panais 150
- Velouté de butternut au tempeh 152
- Velouté de pois cassés 154
- Verrines fruitées en gelée 320
- Verrines onctueuses avocat
  et betterave rouge 100
- Wok de courgette au tofu 202
- Wraps guacamole-crudités 95

TABLE DES MATIÈRES

- Sommaire 5
- Introduction 6
- Recettes de base 8
  - Pâte feuilletée 10
  - Pâte à pizza 12
  - Pâte brisée 14
  - Tortillas de blé 16
  - Tofu nature 18
  - Tofu soyeux 20
  - Baguette à la farine de lupin et graines de courge 22
  - Préparer les légumineuses 24
  - Cuisson des céréales à l'étouffée 26
  - Préparer un steak de légumineuses 28
  - Remplacer les œufs dans une recette 30
  - Préparer un lait végétal maison 32
  - Utiliser l'agar-agar 34
  - Utiliser les purées d'oléagineux 36
  - Faire germer des graines 38
  - Préparer du kale 40
- Petit déjeuner 42
  - Croissants 44
  - Brioche à l'huile d'olive et aux raisins secs 46
  - Pains au lait de noisettes 49
  - Granola sans gluten aux graines et baies d'aguaymanto 50
  - Green smoothie 52
  - Exotique 54
  - Superfruits 56
  - Scones au fromage 59
- Pancakes au lait ribot, sirop d'agave et baies de goji 60
- Barres de céréales 62
- Flocons d'avoine crémeux, myrtilles et noisettes 65
- Apéro 66
  - Falafels 69
  - Hoummos à l'avocat 70
  - Feuilletés de « saucisse » 72
  - Madeleines au chèvre et menthe 75
  - Crackers à l'épeautre 76
  - Tartinade de tomates séchées 78
  - Pizza rolls 80
  - Barquettes d'endives au roquefort 82
  - Mini-pizzas 85
  - Guacamole à la spiruline 86
  - Faux tarama 89
  - Pruneaux farcis au fromage frais 90
  - Sauce pour crudités 92
  - Wraps guacamole-crudités ... 95
  - Mini-pizzas pomme, miel et camembert 96
  - Feuilletés au pesto et tomates séchées 98
  - Verrines onctueuses avocat et betterave rouge 100
  - Brownies à la carotte 103
- Entrées 104
  - Œufs cocotte aux poivrons grillés et tomates séchées 106
  - Croques chèvre et courgettes 108
  - Tortillas aux légumes 111
  - Naans maroilles-pommes 112

- Chaussons de légumes à la feta 114
- Muffins au roquefort 116
- Samoussa épinard et cresson 118
- Salade de chou Kale à la grenade 120
- Râpé de potimarron et carotte 123
- Taboulé de brocoli 124
- Rouleau printanier 127
- Maki de chou vert 128
- Salade de chèvre chaud au miel 130
- Bruschetta aux graines germées 133
- Salade de quinoa aux asperges 134
- Nems végétaux 136
- Pâté végétal aux olives 138
- Cake aux tomates confites 141
- Cake « chorizo », olives et ail des ours 142
- Mousse de betterave 144
- Millefeuille de topinambour 147
- Gaspacho de tomates 148
- Velouté courge, patate douce et panais 150
- Velouté de butternut au tempeh 152
- Velouté de pois cassés 154

Plats 156

- Ratatouille 158
- Crêpes aux épinards 160
- Polenta crémeuse aux champignons 162
- Cannellonis à la brousse et aux épinards 164
- Lasagnes végétales 166
- Aubergine à la tomate 168
- Tian de légumes au fromage de brebis et aux fines herbes 170
- Croziflette de légumes 172
- Soufflé au fromage 174
- Végé burger 176
- Gnocchis au potimarron, sauce au parmesan 178
- Risotto de poireaux 180
- Pilaf de quinoa 182
- Steaks de haricots rouges 184
- Galettes de céréales aux légumes et tofu fumé 186
- Chili végétarien 188
- Bouchées à la reine au tofu fumé 190
- Tartiflette de légumes 192
- Quenelles sauce champignons 194
- Croque-monsieur vert 196
- Minestrone paysan 198
- Chou chinois sauté au wok 200
- Wok de courgette au tofu 202
- Steak de lentilles et tomates à la provençale 205
- Spaghettis quasi carbonara 206
- Courge spaghetti à la bolognaise 208
- Hachis Parmentier au soja 211
- Nuggets de pois chiches et purée de patates douces 212
- Falafels au persil et leur crème de concombre 214
- Fèves coriandre et tomate 216
- Galette aux légumes et râpé de chou blanc 218
- Risotto à l'orge perlé et aux petits pois 220
- Tian de pommes de terre, tomates, courgettes, oignons et mozzarella 222
- Tian cru de betteraves aux pommes, vinaigrette aux herbes et graines de pavot 225

- Croquettes aux flocons d'avoine et sauce aux herbes 226
- Flan de courgettes 228
- Raviolis aux pignons et aubergines 231
- Gratin dauphinois 232
- Gratin aux tagliatelles de légumes et aux deux fromages 234
- Gratin de courge butternut aux marrons 236
- Clafoutis aux tomates cerise 239

Quiches et tartes salées 240

- Tarte à l'oignon et à l'amande 243
- Pizza poireau-chèvre 244
- Quiche tourbillon aux légumes 247
- Quiche à la ratatouille 248
- Pizza aux légumes grillés 250
- Tourte épinards-champignons 253
- Tarte au potimarron 254
- Tatin d'endives, miel et chèvre 256
- Quiche presque lorraine 258
- Quiche aux poireaux 261
- Tarte à la tomate 262
- Pizza aux légumes du soleil 265

Veggie du monde 266

- Paanch phoran patha gobi (chou aux cinq épices) 268
- Tamator pyaz chutni (chutney rouge aux tomates et aux oignons) 270
- Gobi paratha (galette fourrée au chou-fleur) 272
- Burrata aux légumes croquants, pesto au vinaigre 274
- Tagliatelles au citron 277
- Nouilles aux œufs à l'asiatique 278
- Pisto manchego (Pisto manchois) 280
- Salmorejo 283
- Flan de papaye verte 284
- Frites d'igname, de fruit à pain et de patate douce 286
- Gratin de bananes plantain 288
- Tofu soyeux au gingembre, menthe et concombre 290
- Curry de légumes à la noix de coco 293
- Pain de maïs au miel 294
- Coleslaw 296
- Gratin de macaronis 299
- Nouilles sautées 301
- Tempura 302
- Légumes urap 304
- Empanadas de queso (chaussons au fromage) 306
- Soufflés au cœur de palmier 309
- Spanakopita (feuilletés aux épinards) 310
- Patatokeftes (croquettes de pommes de terre) 312
- Soupe de pois cassés 315
- Couscous aux pois chiches et aux raisins secs 316

Desserts 318

- Verrines fruitées en gelée 320
- Crème à la pistache 323
- Gâteau moelleux automnal aux raisins 324
- Fraisier 326
- Royal au chocolat 329